初中数学单元起始课的设计与实施

主编 曾令轩

电子科技大学出版社
University of Electronic Science and Technology of China Press

·成都·

图书在版编目（CIP）数据

初中数学单元起始课的设计与实施 / 曾令轩主编.
成都 ：成都电子科大出版社，2024. 12. -- ISBN 978-7-
5770-1158-5

Ⅰ. G633.602

中国国家版本馆CIP数据核字第2024G8Y580号

初中数学单元起始课的设计与实施
CHUZHONG SHUXUE DANYUAN QISHI KE DE SHEJI YU SHISHI

曾令轩　主编

策划编辑　李雨纾
责任编辑　李雨纾
责任校对　李述娜
责任印制　段晓静

出版发行　电子科技大学出版社
　　　　　成都市一环路东一段159号电子信息产业大厦九楼　邮编　610051
主　　页　www.uestcp.com.cn
服务电话　028-83203399
邮购电话　028-83201495

印　　刷　四川省平轩印务有限公司
成品尺寸　185 mm×260 mm
印　　张　11.5
字　　数　245千字
版　　次　2024年12月第1版
印　　次　2024年12月第1次印刷
书　　号　ISBN 978-7-5770-1158-5
定　　价　48.00元

前言

FOREWORD

数学单元起始课作为每个单元教学的开端和总览，不仅是学生初步认识数学新内容的起点，还是激发学生学习兴趣、培养系统思维的关键，在学生的数学知识体系构建中占据着重要地位。因此，如何设计和实施一堂高效、富有启发性的单元起始课，是每一位初中数学教师的必备技能。

本书旨在为初中数学教师提供一系列关于单元起始课设计与实施的理论与实践指导。我们汇集了多位教育专家和一线教师的智慧与经验，从教学理念、课程设计、教学方法、评价机制等多个维度，对单元起始课进行了全面而深入的探讨。

本书具有以下编写特色。

（1）理论框架：介绍了单元起始课的理论基础，包括教学目标的设定、学生认知特点的分析以及教学内容的整合策略，为教师提供科学的教学设计依据。

（2）设计原则：详细阐述了单元起始课设计的核心原则，包括如何激发学生兴趣、如何构建知识框架、如何促进学生主动探究等，帮助教师在设计课程时能够有的放矢。

（3）实施策略：提供了多种实用的教学策略和活动设计，包括情境创设、问题引导、合作学习等，旨在帮助教师更有效地实施单元起始课。

（4）案例分析：收录了多个成功的单元起始课案例，这些案例来自不同地区、不同学校的实际教学实践，具有很强的参考价值和借鉴意义。

（5）评价与反思：强调了评价与反思在教学过程中的重要性，并提供了一系列评价工具和反思框架，帮助教师及时调整教学策略，提升教学质量。

在本书的编写过程中，我们始终坚持以学生的"学"为中心，以提高课堂教学效益为目标。希望通过对本书的阅读与实践，初中数学教师们能更好地设计和实施单元起始课，激发学生的学习热情、培养学生的数学思维能力，为养成学生的终身学习习惯奠定坚实的基础。本书中的课例，未做特别说明的，均根据北师大版教材编写。

最后，感谢所有参与本书编写的教师们，是你们的辛勤工作和无私分享，让这本书得以面世。同时，也感谢每一位读者，您的关注与支持是我们不断前行的动力。由于编者水平有限难免存在疏漏之处，欢迎广大读者批评指正。

愿本书能成为您教学旅程中的良师益友。

编　者

2024年8月

CONTENTS

第一章

初中数学单元起始课的概述

1.1 研究背景

随着《义务教育数学课程标准（2022年版）》（简称新课标）的颁布实施，初中数学教育迎来了新一轮的课程改革，强调了以学生发展为本、以核心素养为导向，强调了课程内容的结构化特征和教学改革在课程实施中的核心地位。本章旨在探讨对初中数学单元起始课的认识与实践，以期为教师提供教学改革的理论支持和实践指导。单元起始课作为教学过程中的关键环节，对引导学生进入新的学习领域、构建知识结构、传递学科文化和价值观具有不可替代的作用，它不仅是学生学习新知识的起点，也是激发学生学习兴趣、培养探究精神的重要手段。

目前，尽管一线教师普遍认可单元教学的价值，但在实际教学中仍面临诸多挑战，如教学时间紧张、教学资源有限、教学方法和评价标准的转变等，这些问题的存在，影响了单元起始课的有效实施，也制约了教师专业发展和教学质量的提升。深入研究初中数学单元起始课的设计与实施，对提升学生的学习质量、提高教师的教学水平、推动数学教育的推广和发展具有重要意义。

1.1.1 新课程改革迫切需要实施新型单元教学

《义务教育数学课程标准（2022年版）》明确了课程目标以学生发展为本、以核心素养为导向。逐渐拓展和加深的课程内容充分地体现了结构化特征，呈现了数学知识与方法的层次性和多样性，体现了选择性，适应学生的发展需求。

新课标的颁布意味着新一轮课程改革进入实施阶段，教学改革成为课程改革的重头戏。课程改革从三维目标走向核心素养，以核心素养为导向的教学就是要确立核心素养在教学中的核心地位和统帅地位，使教学的一切要素、资源、环节、流程都围绕核心素养组织和展开，并最终指向核心素养的生成和发展。也就是说，核心素养是教学的出发点、落脚点、着力点。

新课程倡导的单元教学，主要指将教材内容归纳为统一整体并打造完整的教学模式，通常为"总（起始课）—分—总（复习课）"。每个单元均有独特的教学目标和教学内容，教学目标和内容能改变传统的因知识、方法、技能过于零碎而引起的理解问题。结合初中数学教材分析，每个单元均有核心内容和教学侧重点，从大概念角度开展初中数学单元教学，更有助于引导初中生建立完整的知识结构，促进初中生对数学知识的吸收和掌握。在此模式下，单元起始课成为单元学习的关键课型，具有提纲挈领的作用。

1.1.2 教学现状需要开展新一轮的课型研究

新课改给一线教师既带来了机遇，也带来了挑战。各级各类培训加深了教师们对新教材、新观念和新教育理念的理解，但教学仍存在一些问题，如：教法转变和适应，评价标准和方法，时间和资源限制等。实施新课改需要教师投入更多的时间、精力和资源，如备课、上课、评估、听课等，这给教师带来了一定的挑战。一些地区的教师，专业发展和培训机会相对较少，教师知识水平和教学能力得不到有效的提高，也影响了新课改的有效实施。

课型研究是教学研究重要的突破口，在现代教育中扮演着越来越重要的角色。课型研究可以针对不同的教学目标和教学内容选择更为适合的教学形式，增加课程的生动性、趣味性和思维性，从而提高教学效果和学生的学习兴趣和热情。课型研究可以提高教师的教学创新能力，增进教师对教学的理性认识，改变教师的教学价值观，使教师对教育教学的关注和投入更多，促进教学科研的进一步发展。课型研究可以促进教学资源的节约和共享，构建教育教学资源共享平台，共享全国各地的学校所开展的教学活动数据和交流教学经验，为全国的一线教师提供更丰富、更有质量的教育教学资源和支持。

总之，课型研究的过程，可以加深教师对课程理念的认识，提升教学设计与实施的水平；课型研究的成果，可以为教师提供基本的模板，让老师们有章可循，从而提高教学质量。

1.1.3 初中数学单元起始课的现状亟待改善

目前，多数初中数学教师已经认可了单元教学在数学教学中的价值，了解了单元教学的相关内容，仍有研究并实施单元教学的动机、态度、意志力和情感，但实际的教学实施情况与教师对单元教学的认知与非认知情况存在偏差。

初中数学单元起始课的内容和教学策略，还未得到深入的理解和有效的实施，主要原因有以下几点。

（1）教学时间紧、任务重，不是考试内容，就没有开展教学；

（2）认为学生年龄小、能力不够，开展教学华而不实；

（3）认为是单元内容的整体说明，带着学生看一下；

（4）觉得有用，但是不知道怎么开展教学。

从以上原因可以看出，教师对单元起始课重要性的认识还不够到位，教学实施的策略、技术水平还不够。要厘清单元起始课的价值、内容，获取实施策略与方法，才能提升教师的教学水平，促进课程改革的有效实施。

1.2 研究价值

初中数学单元起始课是教学过程中的一个重要环节。它不仅可以引导学生进入新的学习领域，构建统筹思路和知识结构，还能够向学生传递学科文化和价值观念，开启学生的数学单元学习之门。因此，深入研究初中数学单元起始课的设计和实施，不仅对促进学生学习质量和学业水平的提高有着显著的积极作用，同时也对教师的教学能力提升具有重要的意义。

1.2.1 研究单元起始课有助于提升学生学习质量

单元起始课作为一堂课的重要环节，有着独特的教学功能和优势。首先，单元起始课设计能够引导学生思考，激发好奇心和探究精神，从而引领学生进入新的学习领域，打开思维模式，形成统筹思路和知识结构，并能够帮助学生建立学科概念，掌握基础知识。其次，单元起始课可以通过渗透数学文化、提升人文情怀、构建知识体系等方式启发学生的学习兴趣，激发学习热情，从而让学生更快地融入学习中，进而提升学习效率，提高学业水平；同时，起始课设计可以提升学生的课堂体验，让学生感受到数学教育的趣味和意义，建立对数学学科的兴趣和信心，从而激发学生学习数学的热情和动力，促进学习的持续性。

1.2.2 研究单元起始课有助于提高教师教学水平

首先，在教学过程中，教师能够根据课程特点和学生需求制定合理、精妙的单元起始课教学方案，结合学生的学习体验调整教学方法和策略，从而实现学生对数学知识的认知和领悟，提高学生的学习效果，发挥教师的教学功能。因此，研究单元起始课的教学策略和方法，有利于提高教师教学质量和能力，进一步推动教学变革。

其次，单元起始课是教师和学生之间密切互动的平台，教师需要敏感地了解每个学生的需求和特点，有效与学生进行沟通和交流，确保教学效果和学生的情感体验。因此，研究单元起始课的设计与实施有助于提升教师的情感交流和沟通能力，增加教学互动性和教育效果。

最后，随着信息技术的快速发展，现代教育技术的运用越来越成为教育教学的主要手段，而研究单元起始课的设计与实施能够帮助教师更好地掌握教学技术，提高技术运用能力，创造更加丰富、多样的教育教学体验，从而推动教育教学的发展和改革。

1.2.3 研究单元起始课有助于数学教育的推广和发展

单元起始课的设计和实施，可以通过创新来推进数学教育的多元化和现代化。通过研究单元起始课，教师可以探索不同的教学策略和方法，运用现代教育技术和手段，从而加强教育教学的现代化水平，促进数学教育的多层次和多元化。研究单元起始课的设计和实施，不仅是在理论层面上的探讨，更重要的是在实践中不断探索和实践，不断优化单元起始课的教学策略和方法，使教学满足学生的需求，从而推动数学教育的有效实践和科学化。研究单元起始课的设计与实施，旨在推广和分享教学经验和成果。研究单元起始课，可以促进不同学科、不同地区、不同学校之间的交流与合作，从而共同推动数学教育的发展和进步。

1.3 研究综述

1.3.1 数学单元教学的研究现状

关于"单元教学"概念，虽然没有统一的定义，但不同的说法具有相似性。西北师范大学的杨强等学者归纳并统计分析了2010—2020年的各项研究中对单元教学概念的界定，发现"整体思维""提升学生核心素养""重组与优化"为占比前三的关键词[①]，其中，"整体思维"是单元教学的核心思维、"重组与优化"是单元教学的设计方法、"提升学生核心素养"是单元教学的目标。关于数学单元教学的设计

---

① 杨强，安佩佩，王雄. 单元教学设计现状与趋势的实证分析[J]. 现代教育，2021（3）：61-64.

与实施的研究，国内外学者的研究成果丰硕，现选录部分典型观点呈现。

秋田喜代美提出了ADDIE模型①。ADDIE模型包括五个阶段：分析阶段（analysis）、设计阶段（design）、开发阶段（development）、实施阶段（implementation）、评估阶段（evaluation）。

钟启泉认为，单元教学设计一般遵循ADDIE模型，即分析→设计→开发→实施→评价。②基于不同的认识，崔允漷、刘徽、李红霞、顾继玲、李昌官等众多知名研究者提出了各自的单元教学设计框架和模式。

格兰特·威金斯等专家在2017年提出"逆向思维单元设计三步骤"，即明确学习目标→设计评估任务→设计学习活动。③

查莫斯等人于在2017年出版的《教学设计：教育发展中的六个步骤》一书中提出了单元设计的六个步骤④，包括确定单元的主题和目标、编写教学计划、思考教学策略、选择教材和资料、设计评估方式、反思教学过程。

程连敏等人将单元教学界定为用全局的眼光、系统的方法，把具有内在关联性的内容进行分析、重组、整合，最终形成相对完整的、动态的教学单元来施教的一种教学方式。⑤

史宁中等人认为，单元教学是相对课时教学而言的，就是从关注一课时的教学到关注更大范围（如一个单元、一章、一个主题）的教学。⑥

埃里克森等人提出"单元设计十一步骤"，包含以下内容。

（1）明确单元目标；

（2）确定学生的观点、经验和现有知识；

（3）确定学习活动；

（4）规划学习任务；

（5）设计学习资源；

① [日]秋田喜代美.学习心理学：教学的设计[M].左右社，2012：164.

② 钟启泉.学会"单元设计"[N].中国教育报，2015-6-12（9）.

③ 格兰特·威金斯，杰伊·麦克泰格.追求理解的教学设计[M].上海：华东师范大学出版社，2017：8.

④ Chalmers C，et al. Implementing"Big Ideas"to Advance the Teaching and Learning of Science，Technology，Engineering，and Mathematics（STEM）[J]. International Journal of Science and Mathematics Education，2017，（15）.

⑤ 程连敏，甄强.高中数学单元教学设计的着手点、着眼点和着力点：以"平面向量"单元教学设计为例[J].中国数学教育（高中版），2018（3）：11-14.

⑥ 史宁中，王尚志.普通高中数学课程标准（2017年版）解读[M].北京：高等教育出版社，2018，253-260.

（6）建立评价标准；

（7）设计评估任务；

（8）确定课程顺序；

（9）准备课堂材料；

（10）实施课堂教学；

（11）反思和维护。

任念兵在2020年指出，单元教学与大概念教学、主题教学、项目学习、结构化设计、学材再重构等的含义一致。①

总之，目前数学单元教学的理论研究已成效显著、成果颇丰，教学设计的模型已多元、有效，一线教师只要加强学习，并在教学中坚持"学、思、用、创"，单元教学的实施底线基本可以保证。

1.3.2 初中数学单元起始课的研究现状

在中国知网搜索，以"引言课+数学"为关键词，有53条结果；以"引言课+初中数学"为关键词，有2条结果；以"起始课+数学"为关键词，有154条结果；以"起始课+初中数学"为关键词，有39条结果。由此可见，对初中数学单元起始课的研究还很薄弱，成果远远少于其他数学的相关研究。因初中数学单元起始课的理论研究与高中数学非常相似，故下面的综述未区分初、高中。

现有研究表明，单元起始课在激发学习兴趣、培养数学思维和提升教学质量方面具有重要价值，而章引言在其中扮演着关键角色，有助于学生理解数学知识体系、了解数学文化，从而传递数学价值。因此，讨论单元起始课的研究现状，必须谈一谈章引言。

（一）单元起始课教学价值的相关研究

林克涌指出，数学教科书章引言具有重要的教学价值，但在实际教学中的运用情况不容乐观，并结合教学实例使教师深入体会数学教科书章引言的作用，主要包括：从学生的生活背景入手，激发学生的学习兴趣；渗透数学文化，培养学生的探索精神；章引言体现知识间的联系，利于有意义学习；介绍数学家的励志故事，培养学生的优良品质。②

---

① 任念兵. 高中数学主题教学研究热的冷思考[J]. 中小学课堂教学研究，2020（8）：62-66.
② 林克涌. 新课标下章引言教学探讨[J]. 数学通报，2010，49（07）：25-27.

郭宗雨结合实际教学例子指出，数学教科书章引言具有重要作用，主要包括：帮助学生了解本章知识的主要内容、地位以及作用；章引言的情境能唤起学生学习新知识的欲望，培养学生应用数学知识解决实际问题的意识；有利于学生综合素质的发展。①

章建跃指出，数学强调知识的前后逻辑关系，教学应该重视数学的内部联系，教科书章引言安排在每章的开头，对整章内容能起到一个结构预览的作用，在教科书章引言功能和价值的研究上，不同学者有自己独到的见解。②

孙朝仁从课程哲学观和学科教育观出发，对数学教科书章引言进行分析，提出章引言的4个作用：通过"树木"引导学生看到"森林"，即通过章引言的介绍，体会整章的知识体系；透过"森林"引导学生看清"树木"，即章引言中点明的思想方法，有助于学生具体数学知识的学习；借助"树木"引导学生仰视"森林"，即通过具体知识的学习，掌握更一般的数学思想。③

范东晖指出，在实际的数学教学中，多数教师不重视教科书章引言，主要原因有以下3点：教师自身对章引言的价值认识不到位，忽视章引言教学；高中课业压力大课堂时间紧张，为赶进度放弃章引言教学；部分教师虽然能意识到章引言的教学价值，但没有可参考的教学案例，不知道怎么开展章引言教学。④

何睦以苏教版高中数学教科书的章引言为研究对象进行梳理，归纳概括出章引言具有以下3个功能特点：教科书章引言介绍了本章内容的知识背景，有助于学生对新知识的理解；章引言揭示了本章的数学思想方法，是学习新知识的方向仪；章引言中呈现的核心问题，有助于调动学生的求知欲。⑤

邢成云、王尚志在对单元起始课的研究中提到，章引言具有明确目标、整合知识、激趣励志、明确思想方法以及传递数学价值等。⑥

---

① 郭宗雨. 数学新教材中"章头图"和"引言"的教学功能及处理策略——以苏教版教材为例[J]. 教学与管理，2012，No. 512（07）：51-52.

② 章建跃. 注重数学的整体性，提高系统思维水平（续）——人教版《义务教育教科书·数学》九年级下册介绍[J]. 中学数学教学参考，2015（08）：4-6.

③ 孙朝仁. "章引言"数学教学的哲学思考[J]. 上海教育科研，2015，No. 340（09）：73-75.

④ 范东晖. 核心素养背景下的引言课教学——以"数系的扩充与复数的引入"为例[J]. 数学通报，2017，56（05）：34-36+39.

⑤ 何睦. 高中数学章节起始内容的价值及其实现[J]. 数学通报，2018，57（08）：34-37+43.

⑥ 邢成云，王尚志. 初中数学"章起始课"的探索与思考[J]. 课程.教材.教法，2021，41（03）：76-82.

（二）单元起始课教学策略的相关研究

简琴琴对以章引言为基本元素的单元起始课实施情况进行了调查，发现大部分教师对教科书章引言的功能持肯定态度，但由于教师忽视章引言研究以及设计能力不足，导致章引言教学模式单一，没能达到应有的教学效果。因此除教师需要加强章引言的探究外，也要关注开发章前作业。[①]

王茜选取北师大版初中教材中的"概率初步""因式分解""二次函数"等章节进行章引言的设计，结合实施效果，总结符合学生认知、促进学生核心素养的章引言教学策略：从学生现实生活入手，帮助学生理解抽象的数学知识；合理使用信息技术辅助章引言教学；安排小组合作、实践操作等教学活动，发挥学生的主体性。[②]

连贞于2023年以"数列"一章为例，进行单元起始课教学实验，教师在教学设计时，在整体性、情境性、生动性和发展性原则下，按前期准备、中期开发与后期评价三阶段开展教学。从教学实践中反思起始课教学可融入数学文化；展示数学知识脉络；揭示数学思想方法。[③]

王婉莹于2023年建议教师树立整体教学观念，注重构建完备的知识体系与认知框架；展现数学本质，渗透研究数学套路、思想和方法；以学生的原有认知起点作为教学起点。[④]

王永生于2023年以高中"统计"单元起始课的教学为例，从为什么学、学什么、学到什么程度和怎么学四个方面进行了教学思考，鼓励教学创设大情境和提出大问题，绘制单元纲要图和单元框架。[⑤]

（三）单元起始课教学设计的相关研究

孙楚清以"三角函数""空间向量与立体几何"为例，提出章引言教学设计的6大原则，主要包括：注重整章知识内容的架构；根据学生的可接受程度，灵活把控教学重点；结合章节特征设计章引言教学；充分调动学生的积极性，避免简单告知的教学模式；注重以问题引导的方式使学生自然地建立新旧知识间的联系；充分发挥章引言对新授课的引领作用。[⑥]

[①] 简琴琴. 初中数学章起始课教学中的问题与对策研究[D]. 重庆师范大学，2020.

[②] 王茜. 初中数学章起始课教学案例研究[D]. 华东师范大学，2021.

[③] 连贞. 高中数学章起始课教学设计与实践研究[D]. 青岛大学，2023.

[④] 王婉莹. 初中数学章节起始课教学的现状与设计研究[D]. 江西师范大学，2023.

[⑤] 王永生. 大单元教学观下高中"统计"单元起始课的教学思考[J]. 数学通讯，2023，（18）：1-5+24.

[⑥] 孙楚清. 高中数学章起始课的现状调查与教学设计研究[D]. 南京：南京师范大学，2021.

胡丽琛根据课堂观察，对"从算式到方程"和"等腰三角形"两个单元起始课进行教学设计，注重单元起始课教学内容的安排，即关注新知识的来源、形成过程及逻辑关系；建构知识本质和知识结构；渗透数学史与数学文化；积累数学活动经验六个方面去把握起始课的教学内容。[①]

综上所述，章引言的教学价值毋庸置疑，但师生对章引言的运用都还不充分；对教科书章引言的研究大多集中于功能、价值的概述，对其运用现状与师生合理运用章引言的对策不够明确具体，有待进一步研究。

从对章引言的研究也不难发现，单元起始课研究在数学教育领域呈现出多样化的发展趋势，其核心理念集中在整体思维、教学内容的重组优化以及学生核心素养的提升上。研究者们提出了多种教学设计模型，如ADDIE模型和逆向设计法，旨在指导教学实践，确保教学活动能有效促进学生的认知和非认知发展。

教学策略研究强调教师在设计和实施单元起始课时，应关注学生的认知发展和学习动机，合理利用教学资源和技术，以及创设富有启发性的学习环境。教学设计原则包括构建知识架构、灵活调整教学重点和调动学生积极性，以提高教学效果。

1.4 理论支撑

1.4.1 数学"再创造"理论

数学"再创造"理论是由荷兰教育学家弗赖登塔尔提出的一种核心数学教学方法。原有教学方式将现成的数学知识直接灌输给学习者，而忽略了思维活动与创造过程。与以往的数学教学方法不同，弗赖登塔尔的数学"再创造"理论强调，教师不应将知识结论直接灌输给学生，而应充当学生开展"再创造"活动的帮助者和引导者，学生可结合已有经验和思维方式，主动发现和探索新知识，亲身经历知识的发现和创造过程。

数学"再创造"理论为单元起始课教学提供了重要理论依据，教师在教学过程中，应帮助学生在已有的数学知识及生活经验的基础上，依据单元起始课的整体内容，重现知识框架，借助已有的数学知识分析和解决新问题，亲身将该单元新知识构造出来。

---

① 胡丽琛. 关于初中数学起始课的教学研究[D]. 长沙：湖南师范大学，2019.

1.4.2 人本主义教育理论

人本主义教育理论以马斯洛和罗杰斯的研究结果为代表。人本主义教育理论的教育宗旨是培养"完整人格"，这种"完整人格"的基本特征是动态的、过程中的、有创造性的人。人本主义教育理论强调关注人的整体发展，尤其注重人的情感、精神和价值观的内心发展。人本主义教育理论的师生关系是：学生是学习的主体，教师是学生学习的协助者。人本主义的学习论认为对个人真正有价值的是意义学习。意义学习，不是仅指涉及事实累积的学习，而是指一种使个体的行为态度、个性以及在未来选择行为方针时发生重大变化的学习。人本主义的教学评价提倡自我评价，鼓励学生为自己的学习负责，对自身进行纵向比较，而不是与别人进行比较。

1.4.3 建构主义理论

建构主义理论是瑞士心理学家皮亚杰提出的一种认知理论。建构主义理论认为，学习者的知识是在一定情境下，借助他人的帮助，通过意义的建构而获得的。理想的学习环境应当包括情境、协作、交流和意义建构四个部分。建构主义理论的教学模式是以学生为中心，在整个教学过程中，教师起组织者、指导者、帮助者和促进者的作用，利用情境、协作、会话等学习环境要素，充分发挥学生的主动性、积极性和首创精神，最终使学生有效地实现对当前所学知识的意义建构。

单元起始课在学习单元内容前呈现引导性材料，目的是帮助学生在学习具体内容前调动原有的知识经验和结构，对本单元内容进行主动的整体构建。学生可以在单元起始课中初步尝试用已有知识和经验解决新问题，实现积极主动的知识建构，主动探索新任务的学习意义。因此，单元起始课教学与建构主义观点具有一致性，建构主义理论为单元起始课提供了理论支撑。

1.4.4 "先行组织者"教学策略

"先行组织者"教学策略由美国教育心理学家奥苏贝尔针对有意义学习的条件而提出，即在新的学习任务前呈现的具备概括性和抽象性的一种引导性材料，这种材料称为先行组织者。当学生在完成新的学习任务时，若原有知识结构不够清晰或缺乏同化新知识所需的上位概念，引导性材料便会发挥重要作用。引导材料在正式的教学任务前呈现，目的在于建立新、旧知识间的桥梁，便于学习者提取并借助旧知识联系新知识，并将新知识内化于原有的认知结构中。

单元起始课充当着"先行组织者"的角色，在帮助学生架构新、旧知识桥梁的过程中起着重要的作用。单元起始课教学需教师创设一系列关联性的问题情境，帮助学生唤醒原有知识，构建起新旧知识间的桥梁，从而实现新旧知识间实质性的联系和迁移。总之，"先行组织者"教学策略可作为章节起始课的教学理论，同时为教学提供更多的思路。

1.5　核心概念

单元起始课可以看作是基于单元起始内容的数学课——因"材"而"课"，也可以看作是基于单元起始课的教学目标定位而整合的起始教学内容——以"终"为"始"。不管从哪个角度理解单元起始课，目标导向都是新课改的基本逻辑，因此本书基于课时目标而广选素材，即先有"课"、后有"材"，最后形成教学设计。

1.5.1　单元起始课

针对"单元"一词，不同专家有"教材单元""集合单元""经验单元""大单元"等不同提法，本书为缩小研究切口和提高可操作性，约定为"教材单元"，即教材的每一章为一个单元。

单元起始课是指每单元（章）开展教学的第一节课（或前几节课）。单元起始课必须包含章起始内容，突出章的核心知识或核心研究方法，让学生对将要学习的新知识及其在知识体系中的地位和作用有初步的认识，了解数学知识发展的脉络，从宏观上沟通新、旧知识的联系，激起学生对新知识的学习欲望。概括来说，单元起始课通常基于"历史发生原理""知识逻辑""数学思想方法"等视角，解决为什么学、要学什么、要怎么学等问题①。

1.5.2　单元起始课的教学内容

单元起始课的教学内容是单元起始课设计与实施需要的素材的集合，通常以教材内容为主，也包括教师教学设计实施所需的文本、案例、多媒体课件等其他素材资源。初中数学单元起始课的教材内容丰富多彩、形式多样，通常包含章引言、章头图等。下面以整式加减的相关教学内容为例，说说各版本教材的单元起始课内容情况。

（一）人教版七年级上册第二章"整式的加减"

首先给出了一组问题，有提示。

青藏铁路线上，在格尔木到拉萨之间有一段很长的冻土地段。列车在冻土地段、非冻土地段的行驶速度分别是100 km/h和120 km/h，请根据这些数据回答下列问题：

（1）列车在冻土地段行驶时，2 h行驶的路程是多少？3 h呢？t h呢？

（2）在西宁到拉萨路段，列车通过非冻土地段所需时间是通过冻土地段所需时间的2.1倍，如果通过冻土地段需要t h，能用含t的式子表示这段铁路的全长吗？

（3）在格尔木到拉萨路段，列车通过冻土地段比通过非冻土地段多用0.5 h，如果通过冻土地段需要u h，则这段铁路的全长可以怎样表示？冻土地段与非冻土地段相差多少千米？

随后给出了一段引导语："在小学，我们学过用字母表示数，知道可以用字母或含有字母的式子表示数和数量关系，这样的式子在数学中有重要作用。在本章，我们将学习整式及其加减运算，进一步认识含有字母的数学式子，并为一元一次方程等后续内容的学习打下基础。"页面配图如图1-1所示。

图1-1　人教版七年级上册第二章"整式的加减"配图

（二）北师大版七年级上册第三章"整式及其加减"

首先提出问题：

随便想一个自然数，将这个数乘5减7，再把结果乘2加14，无论开始想的自然数是什么，按照上面方法计算得到的数的个位数字一定是0。你相信吗？不妨试试看！

借助字母、符号你能表示圆的面积公式吗？能表示加法运算的交换律吗？你还能用字母、符号表示什么？用字母、符号组成的表达式能和数一样进行运算吗？

---

① 何睦，罗建宇.高中数学章节起始课的教学研究与案例设计[M].哈尔滨：哈尔滨工业大学出版社，2019.

然后给出一段引导语：本章将教会你借助字母表示数或数量关系，利用它们去发现一些有趣的规律，解决一些实际问题。

　　列出了单元学习目标如下。

- 进一步理解字母表示数的意义
- 能进行整式的加减运算
- 形成用符号表示数或数量关系并获得、解释一般性结论的意识
- 充分感受抽象，归纳等思想方法

页面配图如图1-2、图1-3所示。

图1-2　北师大版七年级上册
第三章"整式及其加减"配图1

图1-3　北师大版七年级上册第三章
"整式及其加减"配图2

（三）冀教版七年级上册第四章"整式的加减"

首先给出本单元学习目标：

　　在本章中，我们将学习

　　→整式的概念

　　→去括号及合并同类项

　　→整式的加减运算

　　然后给出问题，并配图（图1-4）：两种不同的积木块，搭成两个不同形状的"桥"，它们的体积之和是多少呢？

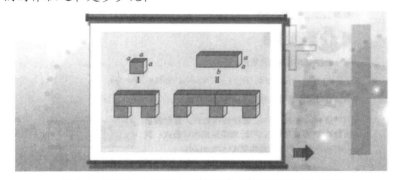

图1-4　冀教版七年级上册第四章"整式的加减"配图

同时，背景图中还有一个式子和一些"+""−"号：

$4a^3 + a^2b + 3a^3 + 2a^2b = 7a^3 + 3a^2b$。

（四）沪科版七年级上册第2章"整式加减"

首先提出引导问题：

在小学我们已经学习了用字母表示数，并用含有字母的式子反映简单的数量关系，这些式子有哪些类型？又怎样进行加减运算呢？

然后开门见山地说明本章要学习的内容：

本章将学习代数式及整式加减运算。

配图如图1-5所示。

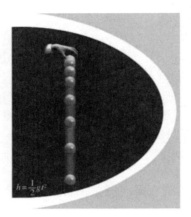

图1-5　沪科版七年级上册第二章"整式加减"配图

（五）青岛版七年级上册第6章"整式的加减"

首先说明本单元"内容提要"：单项式与多项式、同类项、去括号、整式的加减。整个背景图片为集装箱码头的场景，并有图1-6。

2017—2021年我国进出口总额

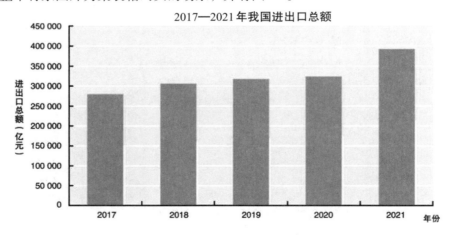

图1-6　青岛版七年级上册第6章"整式的加减"配图1

页面文字设置了"情景导航"，并有图1-7。

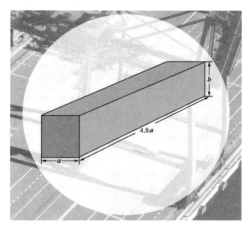

图1-7　青岛版七年级上册第六章"整式的加减"配图2

你见过集装箱吗？图片中港口码头上摆放着大量的集装箱。

集装箱是有一定规格、便于机械装卸、可以重复使用的装运货物的长方体形的箱子。用集装箱进行货物运输，已成为当前世界交通运输的主要方式。我国上海港、宁波舟山港、深圳港等28个港口跻身全球百大集装箱港口行列。

已知一个集装箱的长、宽、高分别是$4.8a$、a、b（如图），它的六个面的面积分别是多少？这个长方体的表面积是多少？

（六）华师版七年级上册"第2章 整式及其加减"

背景图片是一个女孩看着一个卡通塔楼，窗户如图1-8所示，背景配有一个公式$11x+6x+\pi x$，并给出了数学问题和单元主要内容。

图1-8　华师版七年级上册第2章"整式及其加减"配图

如图1-8所示的窗框，上半部分为半圆，下半部分为6个大小一样的长方形，长方形的长与宽的比为$3:2$。如果长方形的长分别为$0.4\,\text{m}$、$0.5\,\text{m}$、$0.6\,\text{m}$等，那么窗框所需材料的长度分别是多少？如果长方形的长为$a\,\text{m}$？

本章将学习代数式，主要研究整式及其加减法，进一步认识含有字母的数字式子，为后续学习打下基础。

将以上版本教材的单元起始内容构成做梳理，可得表1-1。

表1-1　各版本教材单元起始内容构成表

	数学情景 （问题）	单元内容 （学习目标）	章头图	引导语
人教版	√	√	√	√
北师大版	√	√	√	√
冀教版	√	√	√	
沪科版		√		√
青岛版	√	√	√	
华师版	√	√	√	

由表1-1可见，各版本的教材都有章头图和本单元学习内容（目录），其中，北师大版用的是"学习目标"的表述。此外，各版本教材大多采用了现实问题情景，人教版和北师大版除了问题情景，还有提示性语言引导学生思考。

第二章

"双新"背景下的单元起始课的备课模式

2.1 "双新"背景的新要求

随着新课程标准和新教材的全面实施，初中数学备课面临着诸多新的机遇与挑战。传统的教学模式已难以满足当前的教育需求，迫切需要教师转变教学理念，创新教学方法，关注学生个体差异，不断提升自身专业素养。

2.1.1 重塑教学目标：从知识传授到能力培养

传统教学往往以教师为中心，注重知识的灌输。然而，新课程标准强调以学生为中心，更加注重学生能力的培养，尤其是创新思维和问题解决能力的培养。因此，教师在备课时需明确教学目标，不仅要传授知识，更要激发学生的学习兴趣，培养其自主学习能力和终身学习能力。例如，在一元一次方程单元的教学中，教师可通过设置解决实际问题的情境，引导学生主动探究方程的解法，从而培养其解决问题的能力。

2.1.2 创新教学内容与方法：从单一到多元

新课改背景下，教师需根据新的教学理念和教材内容，采用更加灵活多样的方法教学。探究式学习、合作学习、情境教学等教学方法应得到广泛应用。教师需设计富有创意的教学活动，例如，通过实物展示、多媒体技术等方式，将抽象的数学知识具象化，帮助学生更好地理解和掌握。例如，在平行线的性质教学中，教师可通过展示生活中常见的平行线实例，如铁轨、双杠等，引入平行线的概念，并引导学生观察、分析其性质。

2.1.3 关注学生个体差异：因材施教，个性化发展

新课改强调因材施教，关注每个学生的个性化发展。教师在备课时需充分考虑学生的背景、能力和兴趣，设计出能够满足不同学生需求的教学方案。例如，在一元一次方程单元教学中，可设计不同层次的问题，满足不同学生的学习需求；在几何图形单元教学中，可让学生根据自己的兴趣选择研究不同的几何图形，并鼓励他们探索其性质。

2.1.4 助力教师专业发展：终身学习，与时俱进

为了适应新课改的要求，教师自身的专业发展也显得尤为重要。教师需不断学习新的教育理论和教学技术，提高自身的业务水平和心理素质，以更好地引导学生学习数学。例如，教师可通过参加教研活动、阅读专业书籍、观摩优秀课例等方式，不断提升自身的教学能力。

在初中数学新课程标准指导下，教师需精心设计教学活动，以培养学生创新思维和问题解决能力为核心目标。以下原则为教学设计提供指引。

（一）以学生为中心，培养核心素养

教学活动应以学生为中心，注重培养其数学抽象思维、逻辑思维、建模思维等核心素养。教学设计应立足学生实际需求和发展特点，鼓励学生主动探索和解决问题，真正体现"以人为本"的教育理念。

（二）创设问题情境，激发学习兴趣

创设与生活紧密相关的问题情境，可以有效激发学生的学习兴趣和探究欲望。情境化学习有助于学生将抽象的数学知识与实际问题联系起来，提高学生解决实际问题的能力，并促进数学知识的应用。

（三）丰富教学方法，促进主动学习

结合启发式教学、合作学习、探究学习等多种教学方法，促进学生的主动学习和深入思考。例如，通过小组讨论、项目式学习等方式，让学生在交流和合作中发现数学问题的解决方案，增强学生创新思维和解决问题的能力。

（四）强化实践应用，培养创新能力

鼓励学生将所学的数学知识应用于日常生活和其他学科中，通过实践活动深化对数学概念的理解和掌握。这不仅有助于学生巩固数学知识，还能激发其创新意识和实践能力，培养其解决实际问题的能力。

（五）优化评价方式，激发学习动力

除了总结性评价外，还应关注过程性评价。过程性评价更能全面反映学生的学习过程和效果。评价主体应包含自我评价、同伴评价、教师评价、家长评价等，多元化的评价体系有助于学生认识到自己的进步和不足，进一步激发学生的学习动力和创新精神，促进其全面发展。

2.2 单元起始课怎么备

2.2.1 单元起始课备课的基本原则

单元起始课的教学目标，主要是解决"为什么学，学什么，怎么学，学了有什么用"这四个问题。

"为什么学"实质上是学习动机问题。强烈的学习动机可以唤起学生的学习动力，是高效教学的重要推动力。新课标强调数学教学应注重引发学生认知冲突，激发学生学习动机，所以，单元起始课要解决的首要问题就是激发并维持学生学习本单元的学习动机。"问则疑，疑则思。"在单元起始课教学中，教师可通过"问题驱动"的方式，利用问题串制造认知冲突，激发学生产生"为什么学"的探究欲望，明确学习本单元的必要性，引导学生带着困惑进入本单元的学习，促进教学步步深入。

"学什么"实质上是研究对象问题。单元起始课作为全章开宗明义的第一课，理应揭示本单元的研究对象，提供本单元的学习框架和组织线索，帮助学生从宏观上对本单元形成概貌性的认识，解决"学什么"的困惑。单元起始课要引领学生历经研究对象、核心概念的自然生成与建构过程，明晰知识的来龙去脉；同时还要注重知识之间的关联性和结构性，从整体上把握新旧知识之间的逻辑关系，大致构建知识框架。

"怎么学"实质上是研究方法问题。授人以鱼不如授人以渔，"怎么学"比"学什么"更重要。因此，明晰本单元研究思路、寻求有效的研究路径是单元起始课最重要的教学目标和任务。单元起始课在明确研究套路的同时，还要领悟本单元内容所涉及的核心思想、核心方法，解决"怎么学"的困惑。单元起始课要注重研究思路、思想方法的渗透，帮助学生把握数学本质，形成大思路、大观念，培养高阶思维，提高数学学科核心素养。

"学了有什么用"实质上是学习价值的问题。课程标准是上位的、高度概括的指导思想，在课程标准与课时教学之间还需要有一个载体，既能进一步细化课标要求，又能统整课时知识，形成结构化体系。单元起始课可以有效架起课程标准与课时之间的桥梁，帮助学生了解本单元的学习内容、结构及思想方法，实现数学知识的串联，有效避免课时之间知识的割裂，对整个单元的学习起着规划、引领的作用，能够有效落实课程标准的要求。

为了达到预期的教学目标，有效解决"为什么学，学什么，怎么学，学了有什么用"等学习困惑，单元起始课的教学设计除了要遵循一般的原则之外，还要以系统论、先行组织者、结构化等理论为基石，注意以下特有的三大原则。

（一）整体性原则：开展整体教学，注重知识联系

当前课堂教学存在"碎片化"现象，学生容易陷入局部知识，难以形成整体认识。单元起始课设计应遵循整体性原则，引导学生从全局视角俯瞰知识体系，理解局部与整体的关系，可分为以下两方面。

研究内容整合——将内容置于更大的模块中，合理编排整合，帮助学生形成整体性认识，解决"学什么"和"为什么学"的困惑。

研究方法整合——展现研究问题的基本套路和普遍适用的思想方法，促进研究方法的正向迁移，解决"怎么学"的问题。

例如，在学习"几何图形"单元时，教师可以引导学生从点、线、面出发，逐步认识三角形、四边形、圆等基本图形，并最终将这些图形纳入"几何图形"的整体框架中，帮助学生理解各种图形之间的关系，形成对几何图形的整体认识。

（二）结构性原则：构建知识框架，发展认知结构

布鲁纳的"结构教学观"强调理解学科的基本结构。单元起始课设计应注重知识的逻辑结构和组织线索，帮助学生搭建良好的认知结构。具体操作我们可以参考如下原则。

穿针引线，连点成网——在新旧知识之间建立联系，将零散的知识点勾连成网，形成丰满立体的知识体系。

理解知识间联系——帮助学生理解知识间横向和纵向的联系，构建方法框架，促进认知结构的完善。

例如，在学习"函数"单元时，教师可以引导学生从函数的定义、图像、性质、应用等方面进行学习，并逐步建立起"函数"的知识框架，帮助学生理解函数的概念、分类、性质和应用，发展学生的认知结构。

（三）相关性原则：促进知识迁移，构建知识网络

"相关性原则"强调聚焦知识之间的有机联系，促进知识的正向迁移。单元起始课设计应注重新旧知识的关联，以学生已有认知为基点，引导学生将新知识纳入

原有的认知结构中。具体操作如下。

唤醒旧知，建立联系——通过先行组织材料，唤醒学生已有认知，将新知识纳入原有认知结构。

类比学习，自然生长——利用学生已有知识，类比学习新知识，促进知识的正向迁移，构建知识网络。

例如，在学习"反比例函数"单元时，教师可以引导学生回顾一次函数、二次函数的学习方法，并类比学习反比例函数，帮助学生将新知识纳入已有的知识体系中，促进知识的正向迁移，构建函数知识网络。

总之，单元起始课设计应以整体性、结构性和相关性原则为指导，引导学生跳出碎片化学习，构建完整的知识体系，发展认知结构，最终实现深度学习和有效迁移。

2.2.2 单元起始课备课的常见模式

在单元起始课备课时，我们可以从以下几方面入手，让我们的备课更高效。

（一）利用教材中的章引言和章头图备课

初中数学教材在章前都设计了章引言和章头图，揭示本章的主要学习内容和方法。章引言和章头图具有统领全章的导学功能，为全章教学构建完整的框架，为全章学习提供明晰的路径，有利于教师和学生理解全章的知识架构与能力要求。教师的章前导学设计要紧扣章引言和章头图，站在系统思维的高度，针对全章内容提出问题并引导学生尝试解决，使学生明白"为什么学，学什么，怎么学，学了有什么用"。

对于实景图片，教师可以基于图片创设一个蕴含本章知识的数学问题情境，并通过对问题的分解与创生，引导学生了解本章所要学习的知识和方法；对于和数学文化相关的图片，教师可用于引导学生感受我国古代数学的成就，增强学生的其民族豪感；操作类的图片往往暗示本章需要"在做中学"，教师可以让学生进行操作展示，增加学生在课堂中的获得感。

例如，在"图形的相似"这一章，章引言提到"比例尺"的概念，章头图则展示了不同比例尺下的地图。教师可以利用这些素材，引导学生思考比例尺在生活中的应用，以及如何利用比例尺解决实际问题。

（二）结合生活情境备课

单元起始课中创设的生活情境，犹如主题线索一样，可以将整单元内容串联在该情境下，反复多次出现在之后的教学内容中。例如，在"正数与负数"这一部分中可以引入"温度计"，如果我们把该"温度计"水平横放，可以抽象成数轴，巧妙设计在"数轴""绝对值与相反数""有理数的加法与减法"等教学情境中。随着同一情境的不断重复，学生可以多角度地观察和思考问题。同一情境能让学生在熟悉中不断前行，用旧知识带新知识，帮助学生逐步学会用整体的、联系的、发展的眼光看问题，形成科学的思维习惯，提升数学核心素养。

创设生活情境，借助历史资料去激发学生的学习兴趣，师生充分互动，让学生在不知不觉中走进数学王国，达到润物细无声的效果。教师可以通过生活情境的呈现，激发学生的学习动机，增强学生认识真实世界、解决真实问题的能力。

（三）重构课本素材进行备课

根据学生的实际情况和学习需要，我们要对教材提供的素材进行适当的修改和重组，使素材更加契合学生的实际需求，从而提高课堂教学效益。数学课本素材虽是经历了大量的筛选而出现在学生的课本中的，但作为教师不能生搬硬套，而应从班级学生的认知特点、学习兴趣、学习氛围、教学需要等实际情况出发，有选择、有创造地加以开发利用。唯有这样，才能发挥好数学课本素材在培养学生数学思想，提高学生数学知识辨析认知水平，促进学生数学学习效果上的应有作用。

例如，在"一元一次方程"这一单元，教材中通常会给出一些简单的应用题，教师可以根据学生的实际情况，将问题改编成更贴近学生生活的情境，如购物、旅行等。

单元起始课的备课是一个需要综合考虑教材、学生、情境等因素的过程。通过以上三种备课模式，教师可以帮助学生更好地理解本章内容，并激发学生的学习兴趣，为后续的学习打下坚实的基础。

2.2.3 单元起始课备课的注意事项

单元起始课备课与普通备课的区别在于，前者更注重知识的整体性、学习方法的指导、思维能力的培养以及学习兴趣的激发。通过单元起始课备课，教师能够帮助学生更好地理解本章内容，掌握学习方法，提升思维能力，从而提高学习效率和学习效果。在单元起始课备课时，教师应该注意以下几点。

（一）充分认识单元起始课的教学意义

在传统教学工作中，教师也会开展单元起始课的教学，但是在实际教学过程中，教师仅仅对整单元的教学内容进行简要的介绍，学生很难对整单元的教学内容形成完整的知识体系。这一问题的存在与教师没有深入理解数学单元起始课的教学意义有着密切的关系。具体来说，教师仅仅将数学单元起始课作为教学内容的简要概括，并没有在教学中体现出学习节奏的把控要点以及各个知识点之间的关系，所以也不会从相应的层面开展具有针对性的教学工作。长此以往，数学单元起始课的教学意义就得不到有效体现，教师也不会重视这部分工作的开展，从而导致教学质量得不到有效的提升。于是，充分认识单元起始课的教学意义是我们进行单元起始课备课的重要环节。

（二）深入梳理教学内容之间的关系

在单元起始课的备课过程中，建立完整的数学知识体系是初中数学单元起始课的核心。所以，在开展具体教学工作之前，教师需要先对教学内容之间的关系进行深入分析，并整理出能够体现知识特点的知识体系。另外，教师同样也需要引导学生在课前对教学内容进行深入的分析和探讨，从而让学生在预习过程中，对单元教学内容有明确的认识。基于此，教师在梳理教学内容的过程中，同样需要明确学生有可能提出的问题，并明确具体问题与知识点之间的关系，从而将这些内容融合到教学过程中，让数学单元起始课能够起到引导学生思考、初步解决问题的作用。

（三）重视集体备课，发挥团队力量

在单元起始课的备课过程中，教师独自准备，缺乏沟通，个人智慧和资源有限，备课很难准备得很完善、很全面。集体备课为老师提供了便利，有利于优势互补，有利于资源共享，有利于减少重复劳动，有利于规范课堂教学，有利于发挥团队的作用，起到事半功倍的效果。

在集体备课过程中，我们要处理好以下两个关系。

1. 要处理好主备与集备的关系

集体备课的前提是教师个人的精心备课，组内教师都必须先熟悉课程标准，认真研读教材，把握教学的重难点，深入了解学生的学情，精心设计好数学教学方法和教学各环节。在教师个人充分准备的基础上再进行集体备课，教师们全员合作、各抒己见、集体充分探讨交流、取长补短，最后由主备综合全组教师的集体智慧、形成较为完整的教学设计，并分享给组内的教师以便再备，形成"独备—集备—主备"的初备形式。在这一过程中，独备是必要的前提，集备是必经的过程，主备是最后的总结，不能只是一人备课大家共用，让集体备课成为形式。

2. 要处理好个性与共性的关系

集体备课的本质是集体的合作交会，是理念的交会、思维的碰撞、思想的融合，也是方法的相互借鉴、教学预设的相互补充。在共同研讨与探求中，教学设计更加完善，教学环节更加科学，教学方法更加优化，让教师分享集体智慧，让课堂教学绽放异彩。但教学方法是灵活多样的，也不能让集体备课束缚了个性，抹杀了特色，不能在过分追求集体备课的统一性中失去个人的教学风格。每个教师面对的是不同的班情和学情，要有针对性、个性化地设计教学，要选用适宜的教学方法，更重要的是结合教学实际，融进个人的教学风格，充分发挥主动性和创造性，让课堂生动活泼、丰富多彩而灵活高效。

第三章

初中数学单元起始课的课堂教学模式

根据最新的课程标准，教学目标的制定应体现出全局性和分阶段的特点，即需要"全面考量教学主题、单元以及课时的特点，并在此基础上整体规划教学目标"。在教学实践中，教师们已经开始意识到单元起始课的重要性，但由于教材提供的资源有限，通常仅限于章节的章头图和引言，加之缺乏必要的培训与指导，教师们在有效利用教材来组织和设计教学活动方面遇到了困难。因此，我们有必要通过实践来提炼和形成一套关于单元起始课的教学模式。然而，由于教学内容和主题的多样性，这些教学模式并不能一概而论，也不能简单地进行组合或套用。本章我们尝试对单元起始课的教学模式进行深入探索和实践应用，提出了包括四个单元建构策略维度、三个单元构建基础以及四步阶梯法的教学范式。

3.1 单元建构的四维策略

在初中数学单元起始课的教学模式构建中，我们必须紧扣一个核心目标：引导学生实现对单元知识的全面构建。为达成此目标，我们可从以下四个维度着手，确立研究的方向性，使学生深刻体会到学习数学的内在动机与价值。

3.1.1 建构单元知识的历史渊源与必要性——"为什么学"

通过对单元知识的深入挖掘，教师可以向学生展示每个数学概念和公式的产生背景，阐明这些数学工具是如何在解决具体问题的过程中应运而生的。例如，在引入代数单元时，教师可以讲述代数学的起源，如何从简单的计数和计算演变为解决复杂问题的强大工具，以及代数学在现代科技和日常生活中的广泛应用。

此外，教师应引导学生认识到数学知识在数学文化中的地位。数学不是冷冰冰的公式和定理，它是人类智慧的结晶，是推动社会进步的重要力量。通过对数学文化的认识，学生可以更加深刻地理解数学知识的内涵和价值，从而建立起学习数学的内在动机。

在教学过程中，教师可以采用多种教学手段，如历史故事、情景模拟、互动讨论等，使学生在参与和体验中建构对单元知识的理解。这种建构不仅有助于学生了解知识的产生和发展，而且有助于他们把握数学知识的历史脉络，理解数学知识的发展是一个不断演进和完善的过程。

通过这样的教学设计，学生不仅能够知其然，而且能够知其所以然，从而在学习数学的过程中，形成正确的学习观念，培养批判性思维和创新能力。这种对单元知识历史渊源与必要性的建构，是初中数学教学中不可或缺的一环，对提高学生的数学素养和综合能力具有重要意义。

3.1.2 建构单元知识的大框架和全局视角——"学什么"

在初中数学教学的宏伟蓝图中，单元起始课如同一幅精妙的序章，引领学生步入数学知识的殿堂。在这一关键的教学环节中，帮助学生构建起单元的知识框架，赋予他们对单元内容的鸟瞰式视角，是至关重要的。这种全局性的框架建构，不仅适用于数学的每一个章节，还是培养学生数学素养和思维能力的重要途径。

全局视角的价值首先体现在它能够帮助学生建立起对数学知识宏观结构的认识。在这一视角下，学生能够洞察单元内各个知识点的相互联系与依赖，理解它们如何共同作用，形成完整的数学体系。例如，在几何学中，学生通过全局视角能够理解点、线、面之间的关系，以及这些基本概念如何支撑起复杂的几何结构。

全局视角还为学生提供了一种更为深刻的数学理解方式。它使学生能够超越具体计算和公式操作，从更高层次上把握数学概念的本质，理解数学思想的深远意义。这种深层次的理解，有助于学生在面对新的数学问题时，能够灵活运用已学知识，进行创造性的思考和解答。

全局视角的建构还能够促进学生跨学科的学习能力。数学作为一种基础学科，其思想和方法在物理、化学、生物等其他学科中同样适用。通过全局视角的培养，学生能够更好地理解数学知识在其他学科中的应用，提高他们的跨学科综合能力。

3.1.3 建构单元方法的深度理解与初应用——"怎么学"

在初中数学教育的征途中，单元起始课不仅是新知识的起点，更是方法建构的关键时刻。帮助学生在这一阶段初步建构单元的知识方法，对培养学生的数学思维和解题能力至关重要。通过对本单元常用的思想方法的了解，学生能够在后续的学习中更加自如地运用恰当的策略解决问题，这种能力对数学中具有较强逻辑关联的章节尤为重要。

建构单元方法能够帮助学生建立起数学思维的框架。数学不仅仅是关于数字和公式的学科，更是一种思考世界的方式。通过理解数学思想方法，学生能够洞察问题的本质，学会如何将复杂问题分解为可管理的部分，如何从不同角度审视问题，以及如何运用逻辑推理得出结论。

建构单元方法还有助于学生形成跨章节的知识迁移能力。数学的各个章节之间存在着内在的联系，通过掌握某一章节的解题方法，学生可以类比迁移至其他章节，从而加深对数学知识体系的整体理解。例如，代数中的变量和方程思想可以应用于函数的学习，几何中的变换思想可以启发解决物理中的运动问题。

建构单元方法的过程本身也是对学生认知能力的锻炼。在这一过程中，学生需要不断地比较、归纳、总结，这些认知活动有助于提高学生的抽象思维能力、逻辑推理能力和批判性思维能力。这些能力的培养，对学生的终身学习和适应快速变化的世界具有不可替代的价值。

3.1.4 建构单元知识的应用性与实践意识——"学了有什么用"

在初中数学教育的整体规划中，单元起始课不仅承担着传授新知识的使命，更肩负着培养学生应用意识和实践能力的责任。通过帮助学生在单元起始课上初步构建起单元知识的应用框架，我们能够引导他们对本单元的应用方向有一个大致的了解，从而激发他们对数学知识实用性的认识和兴趣。

构建单元应用的意义首先体现在它能够帮助学生建立起数学知识与现实世界的联系。数学作为一门应用广泛的学科，其概念、原理和方法在日常生活中无处不在。通过展示数学知识在解决实际问题中的应用，学生能够直观地感受到数学的实用价值，从而增强学习数学的动机和信心。

构建单元应用的过程有助于培养学生的实践能力和创新精神。在这一过程中，学生不仅需要理解数学概念，更需要学会如何将这些概念应用到具体情境中，解决实际问题。这种从理论到实践的转换，能够锻炼学生的实际操作能力，同时也能够激发他们的创新思维，鼓励他们探索更多的应用可能性。

构建单元应用的过程本身也是对学生综合素质的培养。在这一过程中，学生需要运用批判性思维、逻辑推理、数据分析等多种能力，这些能力的培养对学生的全面发展具有重要意义。

3.2 单元建构的三个基础

在初中数学单元起始课的教学中，我们需牢固把握三个基础性原则，包括：基于数学文化基础、基于最近知识基础、基于思想方法基础。以下是对这三个基础的具体阐述。

1. 基于数学文化基础的深入挖掘

基于最近知识基础的教学策略，要求我们在初中数学单元起始课中，深刻挖掘并传达数学知识的历史和文化价值。这不仅包括对数学概念的起源和发展历程的探讨，还涉及数学思想如何与社会、经济和科技进步相互作用的阐释。

在教学中，我们可以通过讲述数学史上的重要发现和著名数学家的故事，来展现数学知识的历史地位。比如，在讲解几何学时，可以介绍欧几里得《几何原本》的影响，以及它如何塑造了后世的数学思维。通过这样的历史案例，学生能够理解数学知识的传承和发展，从而建立起对数学学科的尊重和兴趣。

2. 基于最近知识基础的有效衔接

基于最近知识基础的教学策略强调了学生已有知识在新知识学习中的重要性。教师需要了解学生的先验知识，并以此为基础，设计出符合学生认知发展的教学活动。例如，在教授新的数学概念之前，教师可以通过复习和巩固学生已掌握的相关概念，作为新知识的桥梁，为本单元的学习做好"知识储备"或"存疑"或"铺垫"等工作。通过类比和差异化教学，学生能够更容易地将新知识与已有知识联系起来，形成更加完整的知识体系。这种方法不仅有助于学生加深对新知识的理解，还能够提高他们的学习效率和兴趣。

3. 基于思想方法基础的思维培养

数学思想方法，如逻辑推理、抽象思维、模型构建等，是解决数学问题的核心工具。在单元起始课中，教师可以通过设计问题情境，让学生体验和了解本单元重要的数学思想方法，并有意识地在后继学习中注意和强化。例如，在讲解代数时，可以引导学生通过观察、归纳和推理，发现数字之间的规律，从而推导出代数公式。这种教学方法不仅能够帮助学生掌握具体的数学知识，还能够培养他们的逻辑思维和创新能力。

3.3 探索四步阶梯法的教学范式

3.3.1 单元起始课的基本结构

单元起始课的设计至关重要，它为学生提供了一个全面了解新单元知识结构的窗口。一般而言，单元起始课可以采用以下三种基本结构。

1.学科框架类结构

学科框架类结构旨在使学生对即将学习的知识有一个清晰的、结构化的认知框架。利用介绍数学概念的层次关系和逻辑顺序，帮助学生建立起对新单元的整体理解。

2.前后类比类结构

前后类比类结构通过将新知识与学生已知的知识点进行类比，帮助学生从熟悉的知识领域过渡到新的知识领域。这种由已知到未知的引导，使学生能够通过比较和联系，完成对新知识技能和数学思想方法的初步体验。

3.应用情境类结构

应用情境类结构着重于展示数学知识的实际应用情境，使学生理解所学内容的实际来源和潜在应用。将抽象的数学概念与现实世界的具体问题联系起来，激发学生学习数学的内在动力。

这三种结构不仅为学生提供了多样化的学习路径，也为教师提供了灵活多样的教学策略。在设计单元起始课时，教师可以根据教学内容的特点和学生的实际需要，选择或结合这些结构，以实现最佳的教学效果。通过对这三种结构的深入理解和应用，教师可以更有效地激发学生的学习兴趣，帮助他们建立起对新知识的初步认识和理解。这种以学生为中心的教学设计，将为学生深入探索数学知识打下坚实的基础。

3.3.2 "四步阶梯法"的教学范式

单元起始课在初中数学教学中扮演着至关重要的角色，它不仅是新知识学习的起点，还是激发学生学习兴趣和探究精神的关键环节。那么，如何开启新的章节，才能更有效地促进学生的学习呢？在深入分析了教学的四个维度和三个基础之后，我们可以采用"四步阶梯法"作为教学范式，这一范式包括以下步骤。

1.通过情境活动的开展，体悟"学什么"——明晰范式，创设情境

在这一步，教师通过精心设计的情境活动，使学生对"学什么"有一个直观和

深刻的认识。情境可以是一个贴近生活的实际问题，一个有趣的数学故事，或者一个激发思考的实验。通过情境的创设，学生能够在实际背景中体悟数学知识的意义和价值。

2.通过研究思路的规划，领悟"怎样学"——深入实践，理解缘由

教师引导学生根据明确的研究思路进行深入实践。在这一过程中，学生通过动手操作、实验验证或数学推导，不仅学会"怎样学"，还理解知识背后的原理和逻辑。这种实践体验帮助学生建立起对数学概念的深刻理解。

3.通过研究成果的运用，理解"有何用"——抽丝剥茧，体验过程

学生将所学知识应用于具体问题的解决中，通过"有何用"的体验，进一步深化对知识的认识。这一步骤鼓励学生将理论与实践相结合，通过解决实际问题来体验数学知识的力量和美感。

4.通过研究活动的评价，感悟"得失处"——合理总结，建构体系

教师引导学生对整个学习过程进行反思和总结。在这一阶段，学生通过讨论、展示和评价，感悟学习过程中的得失，合理总结经验教训，并在此基础上建构起自己的知识体系。

通过这个"四步阶梯法"（即：情境→实践→体验→总结）的教学范式，旨在帮助学生建立起系统的数学知识框架，培养他们的实践能力和创新思维，同时也为他们提供了一种有效的学习方法。这种教学模式强调学生的主动参与和深入体验，使他们能够在探索中学习，在体验中成长。

3.4 不同版本教材的单元起始课

3.4.1 【范例1】北师大版教材九年级上册第一章"特殊平行四边形"起始课

（一）教材及学情分析

在进行课例设计时，需认真研读教材，包括章引言、章头图，本章的章头图（图3-1）以城市一角为背景，包含菱形、矩形和正方形图案，暗示本章的主要研究对象；图片上方的引导语简明扼要地揭示了菱形、矩形、正方形这些特殊的平行四边形与一般平行四边形的关系，图片下方的文字概括了本章的主要学习任务。

图3-1 北师大版九年级上册第一章"特殊平行四边形"配图

了解了本章的学习目标之后，分析教材结构。从教材结构来看，九年级第一章"特殊平行四边形"是八年级下册"平行四边形"的延续，一方面对"平行四边形"进行纵向的拓展与延伸，另一方面又反向深化学生对平行四边形的理解。对推理与证明的巩固，以及对识图、画图等操作技能的掌握，有助于丰富学生的数学活动经验和体验。同时，学习"特殊平行四边形"，为线段的转化、角的转化和线段的位置关系（平行和垂直）提供了新的思路，为后续几何学习奠定了知识基础和方法基础。

从"特殊平行四边"一章的内部结构来看，继续呈现由"一般到特殊"的顺序，先分别研究菱形和矩形的性质与判定，再根据"正方形是特殊的菱形和矩形"，得出相关结论。所以本章的重点为菱形与矩形的性质与判定探究，使用几何图形研究的一般思路："定义→性质→判定→综合"，采用探究与证明相结合的方式，层层深入地引导学生学习，建构知识框架，理清知识脉络，培养数学抽象能力与逻辑概括能力。根据以上分析，绘制知识图谱（图3-2）如下。

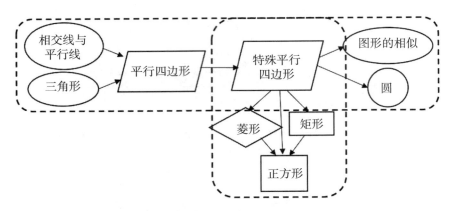

图3-2　"特殊平行四边形"知识图谱

（二）课前准备

章节起始课知识内容不同，学生学情的不同，设计的重点自然也不同。一般来说，章节起始课主要结构有三种。在设计章起始课时，需解读教材章头图，了解本章研究对象、研究任务以及学习目标，以便整体把控全章内容。结合以上分析和九年级学生的学情分析，所以在"特殊平行四边形"的起始课中，将采用第三种类型进行教学设计。先从生活情境中感受特殊平行四边形存在的广泛性及学习的必要性；再通过问题串的形式，类比平行四边形的研究思路和方法，感悟本章的研究任务及学习目标，并尝试梳理知识框图；最后渗透归纳、类比、转化等数学思想，提升思维品质。

（三）教学过程设计

1. 明晰范式，创设情境

结合九年级学生的学情分析，在"特殊平行四边形"的起始课中，将基于最近知识基础的有效衔接进行单元建构，采用"前后类比结构"的类型进行教学设计，先从生活情境中感受特殊平行四边形存在的广泛性及学习的必要性。具体创设情境如下。

在八年级下册，我们学习了"平行四边形"的相关知识，知道生活中有很多平行四边形，但是相信细心的你们，发现生活中还存在一些特殊的平行四边形，请和大家分享一下吧！

问题1：仔细观察并思考，你觉得菱形、矩形、正方形和平行四边形是什么关系？

设计意图：用简洁的语言回顾上学期的内容，了解特殊平行四边形在生活中普遍存在，指出学习特殊平行四边形的必要性，解决了"为什么学"的问题。引导学生用数学的眼光观察现实世界，激发学习兴趣，通过学生展示分享，初步了解本章所要研究的对象——菱形、矩形和正方形。问题1引发学生更深层次的思考，得出正方形既是特殊菱形，也是特殊的矩形的结论，并得出关系图（图3-3），对全章知识有整体了解后有助于建构单元知识的大框架和全局视角。

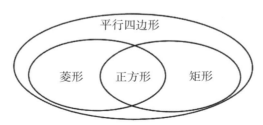

图3-3　"平行四边形"关系图

通过创设情境，梳理出特殊平行四边形与平行四边形的联系，使学生认识到两章知识具有相同之处。一方面减轻对新知识的畏惧感，从心理上降低学生的畏难情绪；另一方面，可增强学生对新知识的渴望度。在这个基础上，再通过问题串的形式，类比平行四边形的研究思路和方法，理解学习内容和知识走向，有利于精准地把握全章的学习内容。

2. 深入实践，理解缘由

观察下列图片中的菱形（图3-4）与矩形（图3-5），再与平行四边形（图3-6）进行对比，说说你的发现。

图3-4　菱形

图3-5　矩形

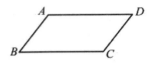

图3-6 平行四边形

问题2：根据刚才观察所得，你能说明菱形与矩形是在平行四边形的基础上，增加了什么特殊的边角关系吗？

设计意图：通过图片的对比观察，使学生更加直观地感受菱形与矩形和平行四边形的关系，并且通过问题2使学生将特殊性更加明确到边角关系上，从而引导学生得出菱形与矩形的定义。在教学时，可以利用教材上的图进行观察，也可以让学生提前准备菱形与矩形，或利用多媒体进行动画展示，使观察更加直观，也更具有普遍性。此环节可以提升学生数学抽象的核心素养。

问题3：请大家回顾，在学习平行四边形的时候，我们主要从哪些方面研究了平行四边形？请小组合作梳理。

设计意图：通过回顾平行四边形的性质与判定，主要从图形的对称性、边、角及对角线等方面对平行四边形进行具体探究，使学生利用已有活动经验，进一步体会几何问题的研究思路，温故而知新。

问题4：类比平行四边的研究思路，你觉得研究菱形和矩形，需要从哪些方面进行探究呢？

设计意图：通过回顾平行四边形的性质与判定，既可以借助数学的纵向延伸性，使学生利用已有活动经验，进一步体会几何问题的研究思路，对比感受两章在知识结构上的同构性；又可以帮助学生预测本章学习任务及知识框架，从图形的对称性、边、角及对角线等方面进行具体探究，猜想菱形、矩形会具有的更为特殊的性质定理及判定定理，进一步体会从特殊到一般的思考问题的方法，增强发现问题和提出问题的能力，在此过程中完成对单元研究思路的规划，使学生领悟"怎样学"，使接下来的学习环节变得水到渠成，顺理成章。

3.抽丝剥茧，体验过程

在了解了本章学习的主要任务是从边、角、对角线的角度继续深入研究平行四边形的基本性质之后，为了帮助学生深入理解，教师由感性猜想变为理性认知，通过实践操作、小组合作交流等方式，帮助学生细化知识，在积累基本活动经验的同时，感悟本章的研究任务及学习目标，梳理知识框图，渗透归纳、类比、转化等等数学思想，提升思维品质。

请大家根据手中的菱形和矩形，通过量一量、折一折等方式，探索菱形和矩形在对称性、边、角及对角线方面具有的更为特殊的性质，并记录下来（表3-1），独立完成后小组交流整合，再进行分享汇报。

表3-1　菱形和矩形的特殊性质

		菱形	矩形
性质	边		
	角		
	对角线		
对称性			

问题5：你能类比证明小组探索所得的菱形与矩形的结论吗？请类比平行四边形的处理办法进行思考。

设计意图：通过操作类活动，意在使学生经历探索、猜想、证明的过程，进一步积累活动经验，体会从无到有、从有到深的知识发生发展过程。教师可以利用几何画板等多媒体进行展示与验证，与学生的猜想结果互为补充，梳理出本章的知识框架图（图3-7）。对于问题5，教师要注重对证明思路的启发，提倡证明方法的多样性，及时点评学生的方法并恰当引导，使学生体会合情推理与演绎推理的作用。如果课时时间不够，则可以选取具有代表性的结论进行展示。

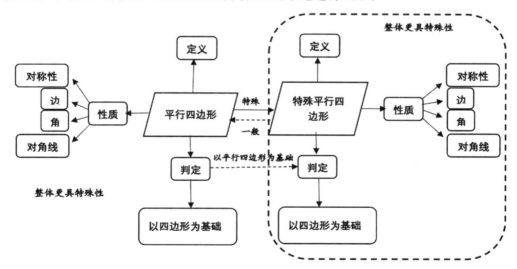

图3-7　"特殊平行四边形"知识框架图

4. 合理总结，建构体系

通过梳理知识框图，学生可以了解知识的层层递进关系，更加透彻地了解平行四边形与特殊平行四边形的关系，进一步感知研究方法具有可转化、可类比性。为了进一步帮助学生建构知识结构，进行如下总结。

问题6 在证明上述结论中，你用到了什么学过的知识和处理方法？

设计意图：促进学生由表及里地进行归纳总结与反思。本章教学除了用到平行线的性质与判定、全等三角形的相关知识，还用到了平行四边形的相关结论，为平行四边形与特殊平行四边形架起了更紧密的桥梁。

问题7 你有什么收获，还有什么困惑？

设计意图：体现了以学生为主体的理念，既尊重了学生的个体差异，又有利于内化本节课内容，为后续具体课时的学习做好铺垫，起到了承上启下的作用。

通过本课例，我们发现，类比大单元学习方法的起始课可以帮助学生完成知识和技能的初步构建；思想方法的初步体验，使学生能更轻松地进入学习状态。有以下一些策略和方法值得我们注意。

（1）构建完整知识图谱，厘清知识的来龙去脉。

大单元起始课的立足点，应该是对教材进行充足分析。厘清本单元在数学知识体系中的位置，或者是本单元的某一部分在整个大单元中的位置，明确知识的来龙去脉。教师在教学设计之前，就应该构建好完整的知识图谱，为进行合理的教学设计打好基础。教师有了明确的知识图谱，才能将其完整地展示给学生，在学生学习中进行充足的引导，在教学中做到游刃有余。

（2）区分不同起始方式，选用合理课程类型。

大单元起始课应该有三种基本模式，不同的知识应该有不同的处理方式。此处特殊的平行四边形，由于是平行四边形板块中的一部分，具备所有平行四边形的性质，又各自有其特殊的地方。所以平行四边形的学习方法可以类比到特殊的平行四边形中。

课前通过对不同起始课地位的分析与区分，有助于选取合理的起始课进行方式。比如本课例适合于类比的形式，同样可以采用类比形式的还有"实数"章节应对与"有理数"章节等。课程类型合理，也就更能使课堂自然流畅，达到单元起始课的功用。

（3）创设正确学习情境，激发学生学习兴趣。

区分了不同的起始课地位，可以创设正确的学习情境，有效地激发学生的学习兴趣，帮助学生迅速地进入学习之中。如本课例中，学生回忆生活中的特殊平行四边形：菱形、矩形及正方形与一般平行四边形的联系，创设出了生活和数学两个关联的情境，让学生类比原有知识，激发了学生的学习兴趣。

采用类比的方式进行大单元起始课的教学，可以让学生具有一种熟悉感，在学习的初始阶段就能对本单元学习的知识内容及学习方法有大致了解，从而更有利于学生迅速进入学习情境，完成对特殊平行四边形的学习及应用。

（4）勾勒初始单元结构，助力创建知识体系。

数学教学的一类主要功效，就是让学生在学习中建立数学相关知识的体系。三年初中学习，甚至应该是整个小学和中学阶段的学习，使学生能够通过数学课程的学习，掌握适应现代生活及进一步学习必备的基础知识、基本技能、基本思想和基本活动经验。

本课例中，学生在类比学习过程中，将会建立已有知识与将学知识的内在联系，勾勒出初始的大单元知识结构。通过问题1到问题5的层层设问，让学生逐渐清晰并初步创建自己的知识体系，为学生对整个单元的学习打下良好的基础。

（5）指导单元整体学法，发展数学核心素养。

为了学生能更好地接受和消化知识，在单元起始课中，针对性地进行学法指导是非常有必要且效果良好的。在本课例中，问题6和问题7的设问，就是为了帮助学生思考和总结"一般平行四边形"的学法，进而为其能在本单元中使用做好准备。这是非常具体的"如何学习特殊平行四边"的学法指导。

同时，类比的方法，也能较好地延续原来单元对数学眼光、数学思维以及数学语言三个数学核心素养的培养，继续巩固和发展相应核心素养。例如，空间观念、推理能力等核心素养的主要表现，就是延续一般平行四边形的教学方法和思维，在特殊平行四边形中继续巩固和发展。

3.4.2 【范例2】北师大版教材八年级下册第四章"因式分解"起始课

数学有其独特的思维品质和结构内涵，从某种意义上讲说，数学就是一种结构。从结构思维的角度，单元起始课如何引导学生明晰单元学习内容，形成单元学习框架，找到合适的切入点，建立新旧知识的联系，把握章节学习脉络。接下来就以"因式分解"单元的起始课为例，探索以构建知识框架形式课例设计，落实"四步阶梯法"。

（一）教材及学情分析

因式分解是整式的一种重要的恒等变形，它和整式的乘法运算是一种互逆的关系，它是学生后续学习分式的化简与运算、解一元二次方程的重要基础。学生在七年级下册已经学习了整式的乘法，掌握了单项式乘以多项式、多项式乘以多项式的运算方法，也重点学习了平方差和完全平方公式及其几何意义，这些都是本节课重要的知识基础；在日常的学习中，学生已经具备基本的观察、归纳、类比、概括等能力。

从"因式分解"这章的内容来看，学生主要认识因式分解，掌握用提取公因式法和公式法进行因式分解的方法。在认识因式分解的过程中需要类比因数分解，继续感受数到字母的抽象过程；对比整式乘法，培养学生逆向思维的能力，借助拼图理解因式分解的几何意义；教材只介绍了两种最基本的因式分解的方法，在每一种方法的学习中都需要带领学生探究代数式的结构特征，恰当选择因式分解的方法，及时对比与整式乘法的关系，培养学生的观察、发现、归纳和概括能力。

在知识与技能上本节起始课要解决三个问题：什么是因式分解，为什么要学习因式分解，从几何直观的角度理解因式分解。在能力与素养方面要重点关注三个方面：学生学会从几何角度理解因式分解的含义，在从因数分解到因式分解中发展类比思想，在从数式到因式的归纳中体会从特殊到一般的思考问题的方法。

基于以上分析，教师可绘制本章的知识框架（图3-8）如下。

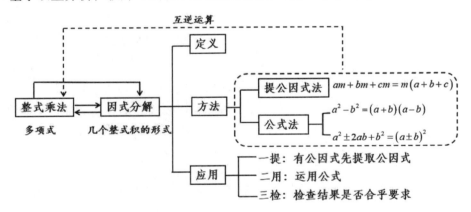

图3-8　"因式分解"知识框架图

（二）课前准备

基于知识整体性，做好初中数学单元起始课的教学，不仅解决"碎片化"导致教学不能在整体上进行，使学生学习主动性欠缺的问题，还可以让学生站在整体的高度上学习数学，充分发挥章节起始课总领全局的作用，构建学生对单元知识的整体性认识，形成"数学概念是如何建立的—数学概念是什么—为什么要建立相关数学概念"的逻辑思维导图。

在数学学科中，不同类型的数学知识，其具体内容与掌握难度各有不同，能力层级要求各有差异，因而与之相适应的教学方式、方法也不同。我们可以从数与代数、图形与几何、统计与概率和综合与实践四个领域进行研究。教材常以章头图、章引言的形式出现，起统领全章的作用。数学单元起始课一般基于数学的逻辑系统思考，整体设计，将一章内容进行串联，帮助学生形成对新单元学习内容的初步认识，并渗透数学文化和思想方法，重在并将其与原有知识结构相融合，形成新的认知结构，使学生逐步形成数学思维，培养数学核心素养。

在因式分解单元学习中，学生已经有一定的基础和正向（整式乘法）的铺垫。我们在章头起始课的学习中可以采用以活动为载体，引导学生完善本章知识图谱的方式进行。接下来，就以"因式分解"单元起始课的教学设计为例，尝试构建单元学习的框架。

（三）教学过程设计

1. 明晰范式，创设情境

问题 1：请同学们计算下列各式。

（1） $3xy \cdot \left(\dfrac{1}{2} x^2 y - 2xy + y^2 \right) = $ _____ ；

（2） $(3a + 7b)(3a - 7b) = $ _____ ；

（3） $(x + 3)(x - 2) = $ _____ 。

问题 2：观察上面三个等式，思考等式左边和右边的特点。

（1） $3xy \cdot \left(\dfrac{1}{2} x^2 y - 2xy + y^2 \right) = \dfrac{3}{2} x^3 y^2 - 6x^2 y^2 + 3xy^3$ ；

（2） $(3a + 7b)(3a - 7b) = 9a^2 - 49b^2$ ；

（3） $(x + 3)(x - 2) = x^2 + x - 6$ 。

整式乘法 ⟷ 因式分解

多项式　　　几个整式积的形式

设计意图：问题 1 以七年级下整式的乘法为例，回顾整式的乘法运算法则；问题 2 由旧知识再思考，从结构上看，从左往右是整式的乘法，从右边往左边，就是我们本章要学习的因式分解。明确提出因式分解的概念：就是把一个多项式化成在几个整式乘积的形式。这里不用强化因式分解的结果要求，只是让学生明确本章的因式分解就是整式乘法的一种逆变形。

2. 深入实践，理解缘由

问题3：判断从左到右的变形，哪些是因式分解？为什么？

> （1） $12a^2b = 3a \cdot 4ab$ ；　　　　（　）
> （2） $(a+3)(a-3) = a^2 - 9$ ；　　　（　）
> （3） $m^2 - 4 = (m+2)(m-2)$ ；　　（　）
> （4） $a^2 - b^2 + 1 = (a+b)(a-b) + 1$ 。（　）

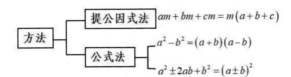

设计意图：这里对因式分解的定义进行简单的辨析，一是让学生巩固因式分解的定义；二是让学生体会因式分解其实并不完全是整式乘法的逆运算，只是单乘多和多乘多的逆运算；三是让学生理解判断一个等式是不是因式分解，这是有方向性的，从左往右或者是从右到左。

3. 抽丝剥茧，体验过程

问题4：请把下列各式化成几个整式乘积的形式。

> （1） $am + bm + cm$ ；（2） $a^3 - a$ ；
> （3） $9x^2 - 6x + 1$ ；　（4） $2ax^2 - 2ay^2$ 。

应用 —— 一提：有公因式先提取公因式
　　　—— 二用：运用公式
　　　—— 三检：检查结果是否合乎要求

问题5：观察下列拼图过程，写出相应的关系式。

（1） ＿＿＿＿＿＿＿＿＿＿＿＝＿＿＿＿＿＿＿＿＿＿＿。

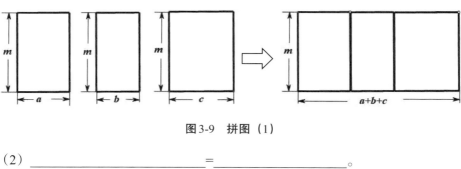

图3-9 拼图（1）

（2）_____ = _____ 。

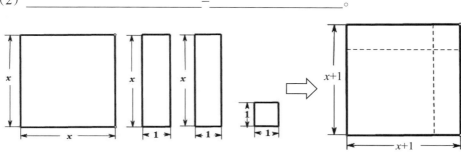

图3-10 拼图（2）

（3）请将下列四个图形拼成一个大的长方形，在据此写出一个多项式的因式分解。

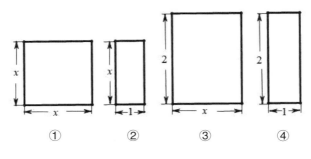

图3-10 拼图（3）

设计意图：问题4从几个简单的整式感受因式分解可能会用到的方法，思考方法的知识依据和对多项式进行分解的基本步骤；问题5从拼图的过程中让学生从几何图形面积的角度理解因式分解是一种恒等变形的过程，图3-9所示是铺垫提取公因式法；图3-10所示是铺垫公式法，让学生回顾七年级学习的完全平方公式的几何意义；图3-11所示则是从特殊到一般，可以从形到数进行拼图，也可以从数到形，感受因式分解与整式乘法的关系，渗透数形结合的思想。

4.合理总结，建构体系

问题6：计算或化简下列各式，分享计算感悟。

（1）计算：$2.34^2 - 4.68 \times 1.34 + 1.34^2$。

（2）化简：$\dfrac{a^2}{a+b} + \dfrac{b^2+2ab}{a+b}$。

（3）计算：$5x^2 - 7x = 0$。

设计意图：第（1）题是"旧题重做"，第（2）（3）题是"未知先做"，让学生感受不管是具体数字的运算还是字母的化简求值，都需要用到因式分解。体会用平方差公式和完全平方公式在简化计算上的重要作用，也让学生对比在小学学习计算时，为了约分，常常需要把一个整数分解成质因数；相应地，在代数式中，为了约分，我们常常需要把多项式化成几个整式积的形式。这个过程就是本章要学习的因式分解，也是我们后面学习分式、一元二次方程和二次函数的重要基础。我们初步感受因式分解的应用价值和知识的发展方向。

问题7：学习完本节课，你有什么收获与感悟？

设计意图：通过回顾本节课的各个环节，教师引导学生归纳表达。因式分解本质上是等式的一种恒等变形而已，并不是代数中一类全新的知识；学生反复通过数→式，式→数，数→形，形→数，体会代数式变形的意义和几何意义。同时，学习这三个环节，感受本章学习因式分解的基本思路。（图3-12）

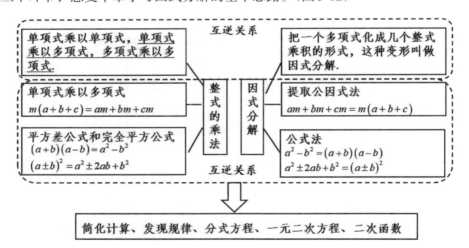

图3-12　学习因式分解的基本思路

（四）关于构建学科框架起始课范式的反思提炼

建立单元起始课知识框架，需要将单元的目标具体化，再构建"课程—单元—单课"的下沉通道，从而真正将素养落实到每一节课中。通过本节课的探究，有几点反思：

1.明确目标，综合考量地位

教师根据单元的教学内容，制订单元的整体目标、知识进阶的阶段性目标、每节课的课时目标。整体的单元目标是统筹，阶段目标是细化，课时目标是落实。通过制定具有全面性、阶段性和操作性的教学目标，使核心素养真正落地，从而满足学生的长远发展。本节课通过分析单元整体目标，制订了本节起始课的目标：感受什么是因式分解，为什么要学习因式分解，感受因式分解的来源和应用。

2.教师先行，构建知识图谱

单元目标的达成，先需要教师能抓住和理解教学内容背后的大概念，这是教学准备的关键任务，是聚焦单元教学得以实施的前提。同时，也需要教师梳理知识框架，厘清内在联系，了解知识的来龙去脉，理解数学本质，有助于深入理解数学并联结相关的数学知识。本节课通过梳理单元知识框架，构建知识图谱，让学生了解本章学习因式分解的定义、方法和应用，对章节起始课进行了初步体验。

3.尝试类比，提炼思想方法

类比教学是利用知识之间存在的联系，用类比的方式进行教学，这种方式能使学生对已经掌握的知识进行迁移，对引发学生的学习动机，帮助学生理解新的概念，发展学生的求异思维，培养学生的学习主动性都有重要的意义。多数的数学知识都存在着连贯性，我们往往是通过熟悉的知识来探究未知的领域，从而顺利完成对新知识的建构。在本章的学习中，我们可以通过把学生带入似曾相识的情境中去感受因式分解是什么，利用整式乘法去理解因式分解，降低了学生学习的难度，比较轻松地感受到新的学习内容，寻找相似的学习方式，提升学习效率。

4.初步应用，体会实践价值

在2002年出版的《教育的目的》一书中，怀海特就提到：教育只有一个主题，那就是五彩缤纷的生活。在今天，教育的生活价值显得尤为重要，如果学生所学知识无法迁移到现实世界中，这种教育就是低效甚至无效的。学生能及时地、灵活地利用所学知识解决问题，这也是当下深度学习的终极目标，使学生能获得成为一个具有创造力的、与人关联的、参与合作的终身问题解决者的能力与倾向。本节课通过因式分解简单应用的感受，能让学生体验到因式分解的重要性和必要性，也能初步体会因式分解在后续学习中重要的奠基作用。

第四章

初中数学单元起始课的作业设计

4.1 新课标下的初中数学作业观

《重构作业》一书中提到：作业的本质是学生自主学习的过程，它既可以巩固教学中的知识技能，也可以弥补教学时空难以完成的其他校外学习活动。[①]由此可见，作业与教学是并列关系，作业与教学都是数学学习活动的重要组成部分。因此，初中数学作业设计是具有重要意义的，它与教学设计是同等重要的。作业与教学的关系如4-1所示。

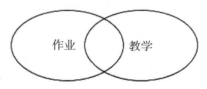

图4-1　作业与教学的关系图

4.1.1 站位：从"育分"到"育人"

《义务教育数学课程标准（2022年版）》提出课程目标要努力培养学生正确的价值观念、必备品格和关键能力，发展学生的核心素养[②]，体现了数学课程的育人功能，因此，初中数学作业的设计也需要实现从"育分"到"育人"的转变。

---

① 王月芬.重构作业——课程视域下的单元作业[M].北京：教育科学出版社，2022.

② 中华人民共和国教育部.义务教育数学课程标准（2022年版）[M].北京：北京师范大学出版社，2022.

4.1.2 结构：从"点状"到"系统"

"双减"政策明确提出："全面压减作业总量和时长，减轻学生过重的作业负担，提升作业质量。"同时，新课标指出："重视单元整体设计，体现数学知识之间的内在逻辑联系，合理整合单元内容，确定单元目标，整体设计，分步实施，促进学生对教学内容的整体理解与把握。"因此在作业设计时，我们要以单元为整体，多维度，系统化地进行设计与分析。如图4-2所示，作业目标科学、作业内容与学习内容联系紧密、作业类型丰富、作业难度恰当、作业评价多样等都是作业设计的系统要素。

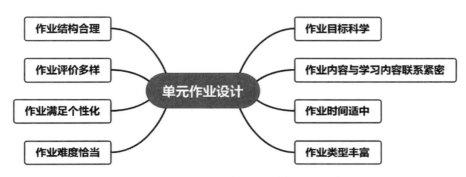

图4-2 单元视域下的作业设计与分析要素

4.1.3 形式：从"单一"到"多样"

新课标指出，义务教育阶段的培养目标，使得人人都能获得良好的数学教育，不同的人在数学上得到不同的发展，逐步形成适应终身发展需要的核心素养。由此可见，在进行初中数学作业设计时，要注重作业的多样性设计，以满足学生的个性化需求，进一步激发学生的学习兴趣，建立学好数学的信心，养成良好的学习习惯，形成质疑问难、自我反思和勇于探索的科学精神。

4.1.4 评价：从"结果"到"过程"

新课标指出，评价不仅要关注数学学习结果，还要关注数学学习过程，采用多元的评价主体和多样的评价方式，鼓励学生自我监控学习的过程。在初中数学作业设计时，要注重学生作业过程的评价，例如，学生是否认真参与作业的过程，在作业过程中有哪些好的方面，还有哪些不足之处等等；采用多元的评价主体，如师生评价、家长评价、社会评价等。多样化、多元化、过程化的评价，能更好地激发学生的学习兴趣，建立学好数学的信心。

4.2 单元起始课作业设计概念界定

作业设计是教师根据学生情况，针对学习内容，有目的地设计作业内容。具体来说，作业应有助于学生理解所学内容，巩固知识与技能，发展自主学习、分析整理等学习能力；有助于激发学生的学习兴趣，培养学生良好的学习习惯，使学生形成良好的学习品格；有助于拓展学习时空，延续课堂活动，达成课堂教学无法完全实现的学习要求；还有助于老师及时了解学情，诊断教学效果，发现学生学习问题等。作业设计课程改革中不可或缺的重要领域，教师应通过作业设计切实达到减负增效的作用。

单元起始课的作业设计是针对单元的起始课而进行的设计的，旨在帮助学生形成统观全局的认知视角，明确知识发展的逻辑起点，梳理单元学习的方法线索。接下来将从单元起始课的作业设计策略、原则、范例和注意事项进行阐述。

4.3 单元起始课的作业设计策略

4.3.1 以知识为脉络，确定章起始课

单元起始课的作业，是基于具体的教学内容和教学过程进行的设计，因此，在进行单元起始课的作业设计，需要先确定单元起始课的具体内容。单元起始课作为一章的开始，章首语和章头图为章起始课提供了重要依据，但是教材仅有一页的章首语和章头图，并未给出具体的教学素材，这就需要教师认真研读教材，厘清知识的来龙去脉及章节的内容结构，联系生活实际等方式，充实"章起始课"的教学素材，确定"章起始课"的教学内容，设计"章节起始课"的教学过程。

4.3.2 以教学为主轴，设计"三课"作业

将作业设计贯穿于教学的课前、课中、课后的全过程。课前作业一般不涉及即将学习的新的知识点，而是基于学生已有的知识、技能和基本活动经验，为新知识学习做铺垫的，可以是对旧知识的回顾，可以是有助于启迪新知的问题，可以是对新知识的预习等。课中作业是教学过程中，每个环节需要设计的关键问题、主要的数学活动或课堂的巩固练习等，章节起始课的课中作业设计，常根据教学设计相关联，主要拟解决"为什么学，学什么，怎么学"等问题，帮助学生建立知识体系，感受知识逻辑，体会研究方法等，通过学生的真实参与，有助于学生感悟知识生成过程、了解知识的内在逻辑、体会研究方法的共通性。课后作业应注重对章节知识的进一步感受与延展等，它是基于章节起始课之后，对本章有了一定的了解，但是

又在本章系统学习之前，因此，章节起始课的课后作业设计，不应该过难，应保留趣味性。

总的来说，作业设计要激发学生的兴趣，兴趣是最好的老师，布置一些操作类、实践类、应用类作业，设计成为开放性作业，能有效的激发学生的兴趣，从而提升学生学习的主动性、持续性和创造性；作业设计要追求逻辑的自然，要创设丰富教学活动，设置恰当的问题情景，以问题为导向，引导学生感悟知识的生成与发展，体会知识的内在逻辑，发展学生的理性思维；作业设计要勾勒出单元的轮廓，要引领学生站在全局的角度，让学生在系统学习新课之前就能了解单元的内容结构，新旧知识的内在逻辑，研究方法的共通性。

4.3.3 以学生为主体，满足多样需求

作业的设计应尊重学生的不同发展，满足学生的个性需求，因此在设计时，可以同时设计基础性作业和发展性作业，其中基础性作业注重基本知识和基本技能的过手；发展性作业主采用以数学应用、实践、项目式、跨学科等形式，培养学生"四能"——发现和提出问题的能力、分析和解决的能力，发展学生的应用意识和创新意识，提升核心素养。基础性作业的设计策略在此就不再赘述，接下来着重就发展性作业设计的思考进行阐述。

1.深挖教材素材

北师大版初中数学教材里面有和非常多的现实情境和学习素材，教师应该学习充分使用教材，挖掘教材可使用或拓展的素材，进行作业设计，让学生能在课后，有更充足的时间和空间完成进一步的探究。例如，在"黄金分割"一节中，教材中有一段阅读材料"耐人寻味的0.618"，文中有一段画黄金分割点的方法；同时教材中给到的巴台神农庙的图案，抽象成为黄金矩形。教师可以将这两个材料糅合在一起，编制一道综合探究型作业：宽与长的比等于黄金比的矩形成为黄金矩形，请根据材料，设法做出一个黄金矩形，并说说这种做法的道理。

2.深入数学文化

数学的学习，不仅仅是会解数学题而已，而是要让学生去感受数学生动有趣的一面，只有把抽象的、逻辑的、严谨的数学，转化为生动的、人文的、思考的数学，才能让学生用心感悟数学文化。例如，在学习"勾股定理"的时候，布置一道资料收集作业：请在网上查询相关资料，看看勾股定理的证明方法有哪些？并从中整理出自己感兴趣的几种证明方法制作成小报，与同学做分享。

3.联系生活实际

数学在生活中有着广泛的应用，作为教师，要善于挖掘身边的事，引导学生运用所学知识解决问题。比如：在"全等三角形"一章中，可以鼓励学生，动手实践，设计方案，测量校园内的某一处不可直接测量的宽度，培养学生的应用意识和创新意识。

4. 关注学科融合

数学是一切学科的基础，这为数学与其他学科提供了基础，我们可以尝试与其他学科相融合，布置一道跨学科综合性作业，例如，在学习"相似三角形"时，可以跟物理中的小孔成像联系起来，设计一个跨学科的作业。

4.4 单元起始课的作业设计原则

1. 目的性原则

单元起始课的作业设计要具有较强的目的性，以本单元起始课内容为导向，以学生自主探究主动思考为形式，以帮助学生更好的感受新旧知识的关联，研究方法的类比，数学思想的共通为目的。每一道作业的设计要具有相应的设计意图，设计能达到相应效果的作业。

2. 多样性原则

注重布置分层作业，设置必做题与选做题，满足个性化需求。有意识丰富作业类型，如基础巩固型、能力拓展型、应用探究型、综合实践型、学科融合型等，满足学生多样化的学习需求。在时效性上也分为及时作业、短期作业与长期作业，为学生提供个性化的学习时间和空间。

3. 操作性原则

作业设计应考虑到学生的认知水平和学生的学习环境，在设计作业的时候，其作业的形式应考虑到是否具有可操作性。

4. 激励性原则

对于开放性问题，教师应鼓励学生大胆尝试，积极参与作业过程，同时注重多样化、多元化、过程化的评价方式，关注学生的作业过程、学习态度和策略、基本知识和基本技能的掌握情况，同时了解学生的合作交流意识，尝试多维度的鼓励和评价，才能更好地激发学生的学习兴趣，建立学好数学的信心。

4.5 单元起始课作业设计范例

在第三章中，介绍了三种单元起始课的类型：学科框架类结构、前后类比类结构、应用情境类结构。不同类型单元起始课的作业设计也有所不同。

4.5.1 学科框架类结构

这种结构旨在使学生对即将学习的知识有一个清晰的、结构化的认知框架。因此，在作业设计时，可以通过丰富的作业活动，让学生感受知识与知识之间的关联与变化。例如，在"特殊的平行四边形"一章中，先通过一系列数学活动感受图形变化之间的联系，然后再梳理出各个图形之间的关联。

1. 课前作业

（基础性作业）你还记得平行四边形的概念、性质和判定方法吗？你还记得探究的方法吗？

设计意图：通过对平行四边形的内容及探究方法的回顾，唤起学生的记忆，为本章学习特殊平行四边形做铺垫，同时为章节形成知识网络做准备。

2. 课中作业

（1）（基础性作业）做一做：用四个木条做一个平行四边形的活动木框，将其轻轻推动，观察平行四边形的变化？

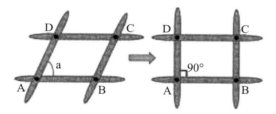

图4-3 平行四边形的变化

（2）（基础性作业）将一张矩形的纸对折、再对折，然后沿着图中的虚线剪下、打开，你发现这是什么样的图形？

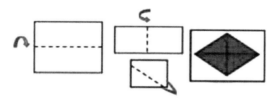

图4-4 观察图形变化

（3）（发展性作业）请思考：改变活动木框角的大小，使其中一个内角恰好为直角，这时候的形状如何？分析木框和剪纸展开后形成的图形的特征？

（4）（发展性作业）你能类比平行四边形的研究内容及研究方法，制订一份矩形和菱形的研究方案吗？

设计意图：通过（1）（2）的数学活动，让学生在动手中感受矩形、菱形与平行四边形的联系。（3）的设置旨是引导学生通过具体的动手实践过渡到抽象的特征分析，将现实内容数学化，学生在真实参与探究，由具体到抽象，发展学生的抽象思维。（4）的设置，旨在引导学生类比平行四边形研究矩形和菱形，为学生提供了单元学习方法的线索。

3. 课后作业

（基础性作业）动一动：请你尝试制作一个正方形，并说说你是如何制作的？

（发展性作业）想一想：结合本节课的收获和总结，尝试绘制一张平行四边形（含特殊平行四边形）的图形关联网络图。

设计意图：引导学生进一步思考正方形，并尝试归纳总结出平行四边形的知识网络，引导学生建立知识之间的联系，构建平行四边形的知识体系。

4.5.2 前后类比类结构

前后类比结构通过将新知识与学生已知的知识点进行类比，帮助学生从熟悉的知识领域过渡到新的知识领域。在作业设计时，可以引导学生建立新旧知识之间的联系与区别，初步体验新的知识技能和数学思想方法。例如，在"反比例函数"单元起始课中，本单元学习的内容及探究的方法可以类比一次函数的学习，因此在单元起始课，可以先按回顾一次函数的学习内容及研究方法，再类比到反比例函数。

1. 课前作业

（基础性作业）你还记得一次函数学习了哪些内容？你还记得探究一次函数的方法吗？

设计意图：通过对一次函数的内容及探究方法的回顾，唤起学生的记忆，为本章学习反比例函数做铺垫，同时为章节形成知识网络做准备。

2. 课中作业

（1）（基础性作业）一矩形的面积为 20 cm²，相邻的两条边长分别为 x cm 和 y cm，你能写出 y 与 x 的关系式吗？那么变量 y 是变量 x 的函数吗？为什么？

（2）某村有耕地 346.2 hm²，人口数量 n 逐年发生变化，你能写出 m 与 n 的关系式吗？那么该村人均占有耕地面积 m（公顷/人）是全村人口数 n 的函数吗？为什么？

（3）我们知道，电流 I、电阻 R、电压 U 之间满足关系式 $U=IR$。当 $U=220$ V 时，你能用含有 R 的代数式表示 I 吗？利用写出的关系式完成表4-1。

表4-1　R 与 I 的代数关系

R/Ω	20	40	60	80	100
I/A					

（4）请你观察以上3个情景的函数关系，有什么共同特征？

3. 课后作业

（1）（发展性作业）你还记得一次函数的探究过程吗？请你通过类比给出反比例的研究思路和路径。

设计意图：经历从现实情境中抽象出反比例函数概念的过程，初步理解反比例函数所反映的变量之间的关系，进一步归纳出反比例函数的概念。在设计问题，引导学生类比一次函数的学习方法来学习反比例函数，让学生从中感悟，了解"学什么？"，体会"怎么学？"

（2）（基础性作业）请你举一些生活中的反比例函数关系的例子。

（3）（发展性作业）对于反比例函数 $y = \dfrac{k}{x}$（k为常数，$k \neq 0$），不用画图，说说它的图像能否过原点？是否与x轴、y轴是否有交点？它的图像还能否为直线？

设计意图：作业（2）引导学生用数学的眼光观察生活，体会反比例函数在生活中的广泛应用。作业（3）引导学生先分析函数关系式，思考函数图像的特征，这为后期作图，打下基础。

4.5.3 应用情境类结构

应用情境类结构着重于展示数学知识的实际应用情境，使学生理解所学内容的实际来源和潜在应用。如"生活中的轴对称"单元起始课中，作业可以大量的采用生活中的轴对称元素，通过不断感受生活中的轴对称现象，体会轴对称的性质，增强几何直观。

1. 课前作业

（1）（基础性作业）我们在小学已经学习过轴对称的知识，你能根据小学所学的内容，判断下列哪些图形具有轴对称现象？

图4-5 图形示例

设计意图：回顾小学学习过的轴对称知识，进行简单的判断，唤起学生对轴对称的回忆，为本章的学习做铺垫。

（2）（发展性作业）认真观察生活中的图形，有轴对称现象吗？如果有，请拍照记录一下吧！同时，请将图片整理成PPT或Word文档。

设计意图：通过收集整理与轴对称相关的图片，发现轴对称在生活中大量存在，培养学生用数学的眼光观察世界的能力。教师可以将这些素材运用于课堂教学中，可以让学生进行分享，寻找这些图片的共同点，自然获得轴对称的相关概念，并从中感受"为什么学?"

2. 课中作业

（1）（发展性作业）根据轴对称的定义，折叠、扎纸后动手制作两个轴对称的三角形。

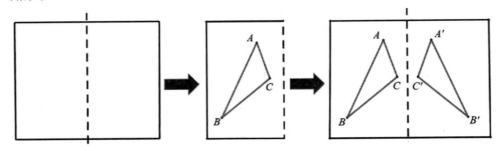

图4-6　制作轴对称三角形

（2）（发展性作业）你能通过刚刚的操作进一步思考，如何用铅笔和直尺画出三角形ABC关于虚线的对称三角形吗?

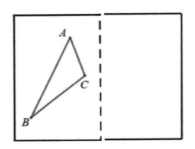

图4-7　作轴对称三角形

设计意图：作业（1）旨在通过动手操作，进一步熟悉轴对称的特征，积累基本活动经验，发展空间观念。作业（2）是基于作业（1）的活动经验，抽象思考如何画出图形，其本质是让学生体会轴对称的性质，学生可能无法准确地描述出轴对称的性质，只要描述出画图过程即可。课程设计的目的是让学生亲身体验，基于数学活动，通过操作、观察、抽象等方式来进行轴对称的研究，了解"学什么"，体会"如何学"。

（3）（基础性作业）请判断下列图形是否是轴对称图形，如果是轴对称图形，请画出对称轴。

表4-2 轴对称图形判断表

图形				
名称	线段	角	三角形	等腰三角形	梯形
是打✔ 不是打✕				

图形				
名称	平行四边形	长方形	菱形	扇形	圆
是打✔ 不是打✕				

设计意图：作业（3）是基于轴对称的眼光审视基本的几何图形，这也是本章要研究的一个内容，通过作业（3）的设计，帮助学生了解"学什么？"

3. 课后作业

（1）（基础性作业）按照图4-8的步骤，你会折出一个漂亮的纸花。动手做一做吧！

（a）将正方形对折；

（b）再对折；

（c）把得到的两个等腰直角三角形分别折成正方形；

（d）将正方形的边隆起，折成一个等腰三角形；

（e）其他三边也重复同样的步骤；

（f）将尖角向内折；

（g）折成直角；

（h）将尾部向内折；

（i）打开；

（j）纸花做成了。

（2）按步骤折出纸花后，将纸花铺开，观察折痕中是否有线段的垂直平分线和角的平分线，分别有几条呢？

（3）请上网查阅视频，利用轴对称的性质折出更多更漂亮的纸花，和大家一起分享。

设计意图：此题是教材中的一个实践活动，第（1）步要求学生按步骤折出纸花，然后展开，观察折痕中线段的垂直平分线和角平分线，体现"现实内容数学化"。第（2）步利用第（1）步的经验，有利于激发学生对此类问题的兴趣，培养审美意识，完成作品制作，进一步丰富学生基本活动经验，培养用数学的思维思考现实世界的能力。

图4-8　折纸花的步骤

（2）（发展性作业）请欣赏下列具有轴对称元素的标志，尝试着设计一个自己喜欢的轴对称标志，然后请同学们猜一猜别人的设计方案，交流内容包括折纸方式与基本图案。最后，组内推选一组作品向全班同学展示，分享设计方式与理念。（材料：一张正方形彩纸、剪刀、铅笔、尺子、圆规）

图4-9 具有对称元素的标志

设计意图：通过欣赏有轴对称元素的标志，感受利用轴对称进行设计的思路。本题的创作对折纸方式、次数与基本图案不做限制。通过创作环节，进一步体会轴对称在设计中的应用，发展学生的应用能力与创新意识。通过交流，持续积累数学活动经验，帮助学生更好地理解轴对称的内涵，培养其观察能力与空间观念。鼓励学生们大胆创作，对学生自创的作品要给予充分的肯定。其中，设计理念独特、新颖的作品可以在班级进行展示与表彰。

（3）（发展性作业）语文中也呈现出类似轴对称的现象，例如对联：

斗鸡山上山鸡斗；龙隐洞中洞隐龙。

雾锁山头山锁雾；天连水尾水连天。

菩萨蛮·回文

北宋·苏轼

峤南江浅红梅小，小梅红浅江南峤。

窥我向疏篱，篱疏向我窥。

老人行即到，到即行人老。

离别惜残枝，枝残惜别离。

请你尝试模仿，创作出具有轴对称结构的对联或诗句。

设计意图：将轴对称与语文学科融合，创作文学作品，培养学生的创新意识和应用意识。本题为长时性作业，教师可以给学生较长时间进行创作，学生根据自己的兴趣进行选做，并将优秀作品进行展出。

4.6 单元起始课作业设计需要关注的几个问题

（一）关注作业内容，切勿超前设计作业

单元起始课，不是单元新课，是学生先于本单元学习之前，初步认识新知识及其在知识体系中的地位和作用，了解数学知识发展的脉络，从宏观上沟通新、旧知识的联系，激起学生对新知识的学习欲望。因此在作业设计的时候，要切记，不能超前设计，而是基于学生现有水平，基于单元起始课的内容进行设计，以达到单元起始课要学生思考 "为什么学""学什么""怎么学"等的目的。

（二）关注作业类型，注重开放性设计

设置开放性作业，减少机械性、重复性作业，能更好地激发学生思考，培养学生的创新意识。我们期待学生可以获得丰富多样的数学体验，通过设计必做与选做作业，可以让学生根据自己的情况进行自主选择，从而使人人都能获得良好的数学教育，不同的人在数学上得到不同的发展。

（三）关注作业数量，注重减负提质

作业是教学过程中的一个重要环节，是学生获取知识、形成能力、培养素养的重要方式；也是师生评价、改进教与学的重要依据。随着 "双减"政策的实施，学生的作业越来越受到重视，为避免作业布置的随意性大、针对性差、功利性强及作业量大等不良现象，教师要认真学习，使自己具有正确的、与时俱进的作业观，有效提升学生的学习力，切实达到"减负提质"的效果。

第五章

初中单元起始课的学生评价模式

在教育领域，学生评价是一个多维度的工具，它超越了简单的成绩衡量，已逐渐成为推动教育发展的核心动力。评价使学生能够深入了解自己的学习状态，识别并利用自己的优势，同时发现并弥补不足，从而更有针对性地进行学习。同时，评价结果为教师提供了重要的反馈，使他们能够根据学生的具体情况及时调整教学方法，实施个性化教学，确保每个学生都能按照自己的节奏和特点学习。

评价还具有激励作用，它不仅促进学生不断进步，还帮助他们建立自我认知，认识到自己的价值和潜力。在数学等学科中，评价不只是检验知识掌握程度，更注重培养学生的批判性思维和解决问题的能力。一个公正和透明的评价体系确保了所有学生在教育机会上的平等。

评价帮助学生学习如何在社会中接受和处理评价与反馈，这是他们未来在职业生涯和社会生活中的一项关键技能。评价还帮助学生明确学习目标，提高学习效率，同时培养他们的自我评估能力，为终身学习打下基础。

此外，评价是监控和提高教育质量的重要手段，它使教育管理者能够了解教学效果，不断优化教育政策和实践，以促进教育的持续改进和发展。

分享单元起始课的评价在初中数学教学中扮演着独特的角色，它与其他课时的评价在目的、内容和方法上存在明显的区别。

首先，单元起始课的评价重在为整个单元的学习奠定基础，它关注的是学生对即将学习知识的预备状态和潜在能力。这种评价倾向于诊断性和形成性，目的是了解学生的先验知识和学习需求，从而为后续教学活动提供指导。相比之下，其他课时的评价更多地集中在对已学知识的掌握程度和应用能力上，通常具有总结性的特点。

其次，单元起始课的评价内容往往更为宏观和全面，它不仅包括对数学知识的评估，还包括对学生学习策略、思维习惯和兴趣倾向的评价。而其他课时的评价则更侧重于具体知识点的掌握和相关技能的运用。

再次，单元起始课的评价方法更加多样化和灵活，可以包括问卷调查、访谈、小组讨论、前测等多种形式，以全面收集学生的学习信息。相对而言，其他课时的评价方法可能更倾向于标准化测试和作业检查，以客观地衡量学生的学习成果。

最后，单元起始课的评价在教学过程中具有更强的导向性和激励性。它通过对学生学习起点的准确把握，为学生提供个性化的学习建议和目标设定，激发学生的学习动力。其他课时的评价则更多地用于检验和反馈，帮助学生了解自己的学习状况，调整学习方法。

单元起始课的学生评价主要集中在以下几个方面：

（1）学生对单元整体框架和教学目标的理解程度；

（2）学生在课堂提问和讨论中的表现和思考能力；

（3）学生自我评价的能力和效果；

（4）教师根据学生反馈进行教学方法和内容的调整。

这些评价机制共同作用，有助于提升单元起始课的教学效果和学生的学习成效。

学生评价是连接学生、教师和教育系统的桥梁，它不仅关乎学生的学习成果，更关乎教育的质量和效果。通过有效的评价，我们能够更好地理解学生，优化教学，最终实现教育的全面发展。下文将对单元起始课学生评价的主要类型——诊断性评价、形成性评价、发展性评价进行详细阐述。

5.1 诊断性评价

5.1.1 诊断性评价的理论基础

诊断性评价这一类型的评价是美国教育家、心理学家布鲁姆在1976年首次提出，诊断性评价通常也可以称为"教学性评价"或"预评价"。诊断性评价又可以称为预备性评价，诊断性评价旨在预测学生的状况，包括学生的知识获取的状态、学生已有的技能状况和学生具备的情感状况。教师只有全面地了解学生，才能知道学生是否具备完成教学目标的条件。

"诊断"是一个从医学过渡的概念，指的是通过对实际案例的临床分析来诊断出问题的症结所在，以便开出正确的药物。在教学中也是如此，要想达到一定的教学效果，就必须准确地诊断出学生的问题和不足，否则，就无法进行下一步的有效教学活动。基于这种必要的诊断，可以清楚地掌握学生的知识储备，方便教师根据学生的能力进行教学。

在目前的研究中，大多数学者认为，诊断性评价应该应用于在学年或学期、课程研制或课堂教学开始之前，这实际上是对诊断性评价的误解，对诊断性评价中的"教学活动"理解得过于狭隘，从而限制了诊断性评价的使用。其实，诊断性评价不仅仅可以在教学活动开始之前使用，还可以在教学活动开展的过程之中使用，只要在教学活动的环节中发现学生在学习过程中存在困难，就应当选择恰当的方法来诊断可能存在的问题。诊断性评价旨在呈现出学生的学习过程、学习结果和学习问题，并分析问题的原因，进而将分析出的结果用于改进和适当调节教学方法。

诊断性评价具有集中性、适中性、持续性的特点。集中性旨在通过有针对性的测试来专注于诊断某一特定的知识内容，集中性测验的目的是"确诊病情，对症下药"。适中性指的是诊断测验的难度应该是适中的。试题要设置三个不同层次的难度：简单题、中等题和提升题，简单题的目的是能巩固基础知识，中等题要让学生觉得简单而不单调。对于一些略稍微困难的提升题，学生将以具有挑战性的心态完成题目，能够激发能力强的学生的学习兴趣。采取这样具有适中性的，又具有一定梯度的测验题，可以全面地把握学生学习的高低优劣。持续性指的是要有计划的、循序渐进的、不紧不慢地完成测试，因为要满足诊断性、适中性和集中性的测验题的题量通常会比较大，所以不能急于求成，要逐步检测。

5.1.2　诊断性评价的实际应用

在初中数学教学中，单元起始课的诊断性评价发挥着至关重要的作用。这种评价在新单元教学开始之前进行，专注于评估学生对即将学习的内容应具备的预备知识和技能，同时关注学生的认知结构和学习风格。通过这种针对性的评价，教师能够迅速了解学生的起点，识别学生可能遇到的困难和挑战，并据此设计适宜的教学活动。与一般的学生诊断性评价不同，单元起始课的评价更注重及时性，评价结果需要快速反馈给教师和学生，以便及时调整教学策略和学习计划。此外，这种评价的指导性尤为突出，它不仅帮助教师了解学生的现状，更重要的是为教学提供指导，促进教师制定个性化的教学方案，以满足学生的个别需求，提高教学效果。这种评价的整合性和持续性也不容忽视，它需要与教学内容、目标和方法相结合，形成一个持续的、动态的教学改进过程。

在实际应用中，诊断目标的确定则应分为以下三个方面。

（1）诊断确定学生的思维水平。如教授"平行四边形"这一单元的起始课，需要在课前诊断学生对已有知识的领会和应用水平，如平行线的性质定理与判定定理、全等三角形的性质与判定定理、中心对称的基本知识等。

在课中要对探索几何图形性质的基本经验和方法进行诊断，如三角形中主要研究的知识、我们的研究方法。

（2）诊断学生的思维障碍。如教授"一元一次不等式与不等式组"这一单元起始课时，需要诊断学生对等式基本性质的掌握，还需要诊断学生能否类比等式的基本性质发现不等式的基本性质。

（3）诊断探查学生的高级思维能力。高阶思维能力包括分析能力，综合能力和评价能力。如教授"圆"这一单元起始课时，可以通过让学生回忆自己用圆规作圆的过程来归纳圆的基本概念，从而诊断探查学生的高级思维能力。

5.2 形成性评价

5.2.1 形成性评价的理论基础

形成性评价起源于20世纪60年代，在20世纪末蓬勃发展。1967年，斯克里文在其著作《评价方法论》一书中首次正式提出形成性评价。在课程开发过程中使得课程内容结构更为合理各种评价，统称为形成性评价。布鲁姆于1969年首次将形成性评价引入学习领域，他认为形成性评价的目的是在教学过程中为每个阶段提供反馈和纠正。1996年，英国评价改革小组对形成性评价进行了系统而深入的研究，迎来了形成性评价的发展和兴盛阶段，并且迅速掀起了在全球范围内评价改革与发展的浪潮。1998年，顾明远在《教育大辞典》中将形成性评价定义为课程编制、教学和学习过程中进行的评价。2005年，经济合作与发展组织（OECD）强调形成性评价是教学中为了确定学生的学习需求和有效调整教学，而开展的对学生的进步情况和理解程度进行的频繁的、互动式的评价。尽管不同研究者对形成性评价的概念界定存在一些差异，但他们都认为形成性评价是在过程中的评价活动，旨在改进和完善教学。

随着教育研究的深入，形成性评价的内涵也随之发生了一些变化。2006年，美国首席州立学校官员理事会（Council for Chief State School Officers，CCSSO）成立了形成性评价的研究部门（Formative Assessment for Students and Teachers State Collaborative on Assessment and Stutent Standards，FAST SCASS）以回应社会对形成性评价的关注与需求。FAST SCASS将形成性评价定义为，教师和学生在教学过程中使用的，能提供反馈以调整正在进行的教学，从而提高教学效果的过程。FAST

SCASS在2018修正了形成性评价的概念，将形成性评价视为是学生和教师在学习和教学过程中使用的一个有计划的、持续的过程，目的是引出和使用学生学习的证据，以提高学生对预期学科学习成果的理解，并支持学生成为自主学习者。由此可以看出，修正后的概念强调了五个重要方面：第一，形成性评价的计划性和可持续性；第二，从注重教学转为注重教师的"教"和学生的"学"；第三，注重学生学习证据的获取，即信息的收集和获取；第四，侧重于学生在特定学科的理解，即反馈；第五，鼓励学生成为自主学习者，即除了学科知识和思维能力外，还期望学生学会学习并掌握自己的学习。在形成性评价被提出近60年的过程中，虽然形成性评价的内涵发生了变化和拓展，但其核心要素一直没有发生变化，即收集信息与证据、提供反馈、促进教与学，这也构成了形成性评价的基本内容和目的。综上所述，形成性评价是教师或者其他人在学生学习过程中检查学生学习效果的一种评价方式，它是一个动态的、互动的过程，需要精心设计评价活动或任务以监控学生在相关内容的学习情况，了解教学效果，并且进行反馈和教学调整。

与一般形成性评价相比，单元起始课的形成性评价更强调以下几个方面：诊断性——单元起始课的评价更倾向于诊断学生现有的知识水平和技能，以便为接下来的教学提供个性化的起点；目标设定——它帮助学生明确单元学习的目标，这些目标通常与课程标准和单元核心概念紧密相关；兴趣激发——单元起始课的形成性评价通过各种活动，如小组讨论、问题解决等，旨在激发学生对新知识的兴趣和好奇心；学习路径规划——评价结果用于帮助学生规划整个单元的学习路径，而不仅仅是单个课时或概念的学习；整体性——单元起始课的形成性评价考虑到了单元内各课时之间的联系，为学生提供了一个整体的学习框架；持续性，虽然单元起始课的形成性评价在单元的开始进行，但其影响和应用是贯穿整个单元教学过程的。

单元起始课的形成性评价是形成性评价在特定教学阶段的应用，它在诊断、目标设定、兴趣激发、学习路径规划和整体性方面具有独特的重点和方法，以确保学生能够在单元学习开始时就获得必要的支持和指导。

5.2.2　形成性评价的实际应用

在实际应用中，形成性评价则应分为以下三个方面。

1. 在课堂教学进程中的形成性评价

在教学过程中运用形成性评价，教师要依据观察评价表或记录表反馈的信息，判定设定的教学方案、目标等是否满足学生的内在需求等，进而及时改进、调整教学。下面是在"实数"这一单元起始课时，对某同学的观察评价表（表5-1）。

表5-1　学生观察评价表

项目	内容	评价
学生是否认真	听讲	上课认真听讲
	课堂练习	积极认真完成课堂练习
学生是否积极	举手发言	发言积极
	大胆尝试提出问题	能提出问题
学生是否善于与人合作	听取别人的意见	能认真听取意见
	积极表达自己的意见	能积极表达自己的想法
学生思维是否活跃	叙述有条理	不太有条理
	过程很清楚	较为清楚
	独立思考	不能长时间独立思考
	善于不同的方法解决问题	不善于
总评	该同学课堂行为良好，上课认真听讲，积极认真完成课堂练习，发言积极，能够较好地与人合作，但是稍微欠缺自主学习能力	

2. 在课后作业中的形成性评价

学生做作业可以起到对所学知识巩固和强化的作用，帮助他们进一步理解相关知识要点，对作业的评价能使教师及时地掌握学生知识技能的熟练情况，纠正其知识的错误，明确改进的方向，从而促进他们的发展。

在实际教学中，首先，在布置作业时，根据学生的实际情况，设定"必做"和"选做"题目，对不同学习水平的学生，提出不同的要求，充分调动他们的积极性和主动性；其次，要求学生认真、独立、保质保量地完成作业；最后，对学生在作业中出现的问题，及时指导其分析解决，提高学生分析问题和解决问题的能力，同时注意评语的措辞，促使其成长、进步。

形成性评价不光可评价学生单元起始课教学结束之后的当日作业，还可以评价阶段性知识测试。首先，在本单元教学进行完之后，教师可以根据教学目标的要求，鼓励学生编制自测试卷，并在规定的时间内完成，自我判断数学知识技能掌握的程度；其次，收集学生的自测试卷，教师分析总结其中普遍存在的问题，以便得以及时地纠正；最后，学生自测的两三天后，教师可以安排学生在课堂上进行阶段性知识测试，因为之前在自测中存在的错误已经得到及时纠正，所以很多学生都能在这次测试中取得不错的成绩。另外，对于测试结果的评价，不会以分数论，更多的是去探讨结果产生的原因，而不是结果本身。

3. 在访谈中的形成性评价

师生间的访谈是了解学生学习需求的一条有效途径。本文论述的访谈是指教师以对话或询问的形式和学生进行面对面的交流，来得到评价信息。

为了确保访谈的顺利进行，在实际教学操作中需要遵循如下原则：

第一，访谈必须在一种民主、和谐的氛围中进行，教师不要居高临下，使学生产生紧张感；

第二，受访者的选择要有随机性，以确保他们所讲的具有普遍性和代表性；

第三，访谈次数不宜过多过少，可定期进行，以监测学生在教学进程中可能出现的问题，并针对学生需求改进、调整教学；

第四，访谈要以学生为中心，使他们有主体参与感。

5.3 发展性评价

5.3.1 发展性评价的理论基础

发展性评价是以发展为导向的评价，最初开始于20世纪初。1967年，美国的评价学专家斯克里芬正式提出了"发展性评价"，这一理论提出，评价以促进学生、教师的发展为根本宗旨，关注评价能够鼓励学生积极参与活动，并且在活动中能够适时地调节自己的功能以及学生综合素质的培养，使师生的内在潜能得到鼓励，让师生积极地参与到活动中，从活动中来，到活动中去，在活动中评价之间，获得收获，并使自己获得满足感。从评价方式来说，丰富多样的评价方式极大地丰富了教师教学的灵活度，教师不再局限于仅仅用分数来衡量学生的优劣，而是会注重学生在学习过程中语言的运用能力和思维发展能力，考虑到不同学生具有的差异性，因此评价不能整齐划一，要做到具体问题具体分析。同时，评价的呈现方式也多种多样，比较受欢迎的是档案袋评价方式，可以将学生的学习成果装订在册，方便学生纵向观察自己的变化。还有开放性地的考试、活动展示等多种方式，以保证学生得到最大程度的尊重，以学生为评价主体，评价具有有效性，让学生从中能够有所收获。迈克尔·帕顿进一步发展了"后现代课程观"的课程评价理论，于1994年提出"发展性评价"的概念，他指出发展性评价是一种过程性评价，评价者也需要参与到活动中去，与参与者共同出谋献计完成活动。凯思琳·格雪夫斯的"动态模式"

也是与发展性评价相似的一种评价方式，它推崇在课堂中教师与学生共同实施活动，评价关注学生的纵向发展，构成了完善课堂教学实践的措施和方法。实际上，发展性评价是旨在适应和变革的评价理念特别适合于教育目标的一种评价方法，这种评价并非事先规定好的，而是在自然中发生并时刻在变动中创新的情境。

时至今日，发展性评价发展得越来越完善，世界各地纷纷在进行改革研究，可以说，发展性评价经历了不断地去其糟粕，批判性地审视前人的评价理念，吸取前人的成功经验，不断地对缺点进行修订和改善。

综上所述，发展性评价是指观察和分析学生学习过程中的行为、表现和成果等方面，了解学生的发展情况和需要，为他们提供个性化的支持和帮助，促进他们全面发展的评价方式。发展性评价是坚持以人为本，依据一定的培养目标，设置多样化的学习活动，运用多种评价方式，鼓励教师、学生以及社会人员共同参与评价，促进学生的素的全面发展。

5.3.2 发展性评价的实际应用

在初中数学教学中，单元起始课的发展性评价扮演着关键角色，它在新单元引入阶段进行，专注于评估学生的预备知识、技能水平以及对新内容的初步理解与兴趣。这种评价的目的在于点燃学生的好奇心和学习热情，同时帮助教师洞察学生的认知起点和潜在需求，为接下来的教学提供精准指导。与一般发展性评价相比，单元起始课的评价具有启动性，为整个单元的教学方向和节奏设定基础；预测性，使教师能够预见学生可能的挑战并提前准备教学支持；引导性，通过评价结果激发学生对新知识的探索和期待；互动性，在评价过程中增强师生间的沟通，营造积极的学习环境；以及灵活性，允许评价方法根据学生反馈和表现进行适时调整以适应多样化的学习风格。而一般发展性评价则侧重于评估学生在一段时间学习后的成长和进步，包括知识掌握、技能运用和思维发展等方面，通常在教学单元的中期或结束时进行，旨在总结学习成果并提供进一步学习的指导。这两种评价方式虽在目的、时间点、内容和方法上有所区别，但它们相辅相成，共同构建了一个旨在促进学生数学学习全面发展的综合评价体系。具体方法如下。

1. 交流评议法

交流评议法是初中数学起始课的学习是一种在数学学习过程中，通过综合前后多个知识和技能来提高学生的数学思维，数学能力的教学模式。在章头起始课的学习过程中，交流评议法是一种非常重要的评价方法。

交流评议法是指学生在完成一项任务之后，彼此之间进行评议、交流、讨论，从中发现不足，并且找到解决问题的方法，学生之间相互评价，从而进一步提高自己的学习能力的一种评价方法。在教学活动中，教师以及学生会对活动过程中得到的一些结果或者是活动过程中参与者的态度以及运用的方法进行评价，学生作为主体发表评价在本次活动中的收获和看法，教师会给予辅助性的评价，促进师生的共同进步。如：在教授"平行四边形"章节起始课时，教师可以将学生分为几个小组，让一部分小组完成已经学习过的三角形的知识结构图，另一部分小组可以对照三角形的知识结构图，类比得到四边形我们需要学习的内容结构图。

完成任务后，首先，小组内的学生可以相互交流、评议和讨论。通过交流和讨论，他们可以发现问题，探讨问题的原因，并寻找解决问题的方法。其次，小组之间也可以进行交流和讨论。这样可以使不同小组的学生互相学习，互相帮助，共同进步。最后，学生在教师的指导下进行探讨研究，得出结论，这样可以让全班学生相互评价，进一步提升数学学习能力。

2. 档案袋评价法

档案袋评价方法起源于20世纪80年代中期，由美国首次提出的一种学业评定方法。档案袋评价法是一种常见的发展性评价方法。该方法通过对学生的各种作品、活动记录等材料进行收集、整理和评价，以全面、客观、科学的方式来评价学生的学习成果和综合能力。

档案袋评价法主要包括三个方面：收集资料、建立档案袋、评价分析。首先，教师需要根据课程要求，收集学生的各种作品、活动记录等资料。这些资料包括学生的观察记录表、作品展示、访谈记录等多种形式的作品。其次，教师需要将这些资料整理成档案袋，建立起一个完整的学生档案袋，记录学生的学习成果和综合能力。最后，教师需要通过评价分析的方式，对学生进行评估，并针对不足之处提出具体的改进意见。档案袋评价法可以评价学生在多方面的综合能力，包括思维能力、表达能力、创新能力以及合作能力等。它还可以反映学生的学习过程和学习成果，避免仅仅依靠考试成绩来评价学生。同时，它还可以提高学生的学习兴趣和积极性，激发学生的学习热情和创造力。

第六章

初中数学单元起始课典型课例

课例1 七年级上册第四章"基本平面图形"
单元起始课的教学案例

（一）背景分析

1. 内容的课标分析

《义务教育数学课程标准（2022年版）》对基本平面图形内容的要求如下。

（1）通过实物和模型，了解从物体抽象出来的线段、射线、直线、角等概念。

（2）会比较线段的长短，理解线段的和、差，以及线段中点的意义。

（3）掌握基本事实：两点确定一条直线；两点之间线段最短。

（4）理解两点之间距离的意义，能度量和表述两点间的距离。

（5）能比较角的大小，认识度、分、秒等角的度量单位，能进行简单的单位换算，会计算角的和、差。

（6）了解多边形概念及多边形的顶点、边、内角、对角线。

（7）了解圆的概念及圆弧、圆心角、扇形的概念。

2. 本单元的教学内容分析

"基本平面图形"单元是"图形与几何"领域"图形的性质"主题中的内容，主要研究的是最为基本的平面图形——线段、射线、直线、角、多边形、圆等，是对小学"图形的认识"的进一步研究，也是后续学习三角形、四边形、圆的基础。

本单元内容围绕基本几何元素展开，通过熟悉的实物抽象出基本几何元素——线、角；用数学语言表示直线、射线、线段及角，探索直线、线段的性质，对线段的长短及角的大小进行比较，自然引出尺规作线段、线段中点的概念及角平分线的概念，再通过具体情境认识多边形及相关概念，认识圆和扇形及相关概念。本单元遵循"概念—性质—应用"的路径研究基本平面图形，力求呈现有关的概念背景，突出数学与生活经验的一致性和对经验的抽象，探究基本图形及其相关性质，应用相关性质解释生活现象、解决数学问题，为学生后续几何学习积累数学活动经验。

因此，直线、射线、线段、角的数学语言表示，线段长短比较，角大小的比较，用尺规作线段等都是本单元的重点内容。本单元的难点是让学生通过从事观察、比较、概括等活动，发展抽象思维能力及有条理的数学表达能力。

为此，教科书设计了5节内容：第1节"线段、射线、直线"、第2节"比较线段的长短"、第3节"角"、第4节"角的比较"、第5节"多边形和圆的初步认识"。在每节的编写中，仍然遵循本套教科书的编写风格，按照"实物模型—抽象图形—理解概念—探究性质—应用拓展"的模式展开。

3. 起始课入格分析

本节设计采用学科框架类与应用情境类结合的形式，先引导学生在问题的启发下进行单元学习内容与研究方法的思考，通过图表与流程图对本单元的学习子单元、核心问题、数学思想进行单元纵览，达到整体把握的效果；再在第1课时的教学中进行单元研究方法，从"真实情境—数学基本图形—实际应用"的实践。具体来说，先引导学生从现实情境中理解线段、射线、直线的概念与性质，掌握它们之间的联系与区别，学习其表示方法、画法及相关计算；再通过基于现实情境的观察、尝试、交流等数学活动，促进学生数学思考，进而发现数学基本事实。所研究线段性质的方法，如实验探究法、直观发现法为本单元后续研究角、多边形等提供了方法和依据，有助于学生在空间观念的基础上进一步建立几何直观，提升抽象能力和推理能力。

4. 学情分析

七年级的学生在小学阶段对基本的平面图形已经有了感性的认识，能结合实例及生活情境认识线段、射线、直线、角，知道角的大小。学生经历过用量角器量角、用量角器或三角板画角、推导常见图形的周长、面积公式等活动，初步形成了量感及推理意识。这些都是学生进一步学习基本平面图形的知识基础和经验基础。

受知识水平限制，学生不能规范地用符号语言表示线段、射线、直线、角，在抽象出基本平面图形的概念后，对下一步需要探究图形的性质的基本探究路径不清晰，用几何基本事实及图形性质进行说理不熟练。同时，本单元中的尺规作图活动是学生第一次接触，对尺规作图的原理理解上可能产生一定困难。

（二）教学目标

（1）在现实情境中理解线段、射线、直线的概念及其区别与联系，并会用不同的方式表示，发展几何直观的核心素养。

（2）经历观察、尝试、操作、思考等活动，了解"两点确定一条直线"的几何事实，并运用几何事实解释和解决实际问题，发展有条理的数学表达能力，培养应用意识。

（3）通过数线段的活动，培养学生有条理的数学表达能力，体会分类思想；在解决实际问题中，初步体会数学建模思想。

（三）教学重难点

1. 教学重点

理解线段、射线、直线的概念、区别和联系，掌握其符号表示；理解基本事实并进行实际应用。

2. 教学难点

经历从现实事物到抽象概念的"数学化"过程，积累数学活动经验，明确本节研究路径，建立前后知识与方法的联系。

（四）教学过程设计

活动一：纵览全章，整体把握

本单元的学习主题是"基本平面图形"，思考以下问题并和同伴交流。

问题1：回忆小学学过的平面图形，构成这些平面图形的基本元素有哪些？

问题2：小学时研究过这些平面图形的哪些内容？

问题3：这些内容之间有怎样的联系？

问题4：结合以上思考，你认为本章研究的"基本平面图形"有哪些？我们会如何研究？

【**师生互动**】学生在问题的引导下回忆小学学过的平面图形，如三角形、长方形、圆等，能说出研究了以上图形的周长、面积、相关角的角度等。教师引导学生理解组成这些图形的基本元素是线、角，以此展开对第4个问题的思考，对本单元的讨论。

本单元分为"线段、射线、直线""角""对多边形和圆的初步认识"三个子单元。

对于单元"线段、射线、直线"，我们将从以下三个核心问题的启发下逐渐深入对线的探索。如何认识线段、射线、直线呢？认识了这些线之后，如何比较线段的长短呢？如何用尺规作符合条件的线段呢？

对于单元"角"，类比"线"的探索方式，可提出以下三个核心问题。如何认识角呢？认识了角之后，如何比角的大小呢？如何作一个角等于已知角呢？最后一个问题本单元暂不研究，将在七年级下册继续探索。

对于单元中的"对多边形和圆的初步认识"，只要求停留在认识层面即可。提出核心问题：如何认识多边形、如何认识圆和扇形等更深入的知识，这些将在九年级的学习中会继续探索。

具体课时信息见表6-1所列。

表6-1　课时信息表

单元	子单元划分	子单元内容	课时规划
基本平面图形	线段、射线、直线	线段、射线、直线	1课时
		比较线段的长短	1课时
	角	角	1课时
		角的比较	1课时
	多边形和圆的初步认识	多边形和圆的初步认识	1课时

在每个子单元的学习中，我们会结合真实的情境，抽象出图形，形成概念，通过数学符号将图形数学化，便于对图形性质的研究，最后再回到真实的情境中，进行实际应用，体会分类讨论思想、数形结合思想在解决问题中的重要性，发展模型意识。学习模型如图6-1所示。

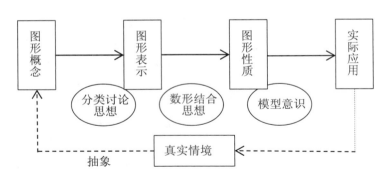

图6-1 学习模型

【设计意图】通过问题1-3逐步引导学生回忆小学学过的平面图形，思考研究的内容与方法，体会初中图形学习与小学图形学习的区别与联系。问题4促进学生对本单元基本平面图形学习的思考。在师生交流中，学生对本单元学习的图形知识、研究方法、数学思想进行整体认知，达到纵览全章，整体把握的效果。

活动二：前置学习，自主感知

观察生活中的物体或现象，收集"生活中的线条"的图片，课前进行展示交流。

【师生互动】教师整理学生收集的素材，多媒体展示，引导学生感受生活中的"点、线"的存在，并发现线段、射线、直线。

【设计意图】以学生熟悉的实例作为情境引入，引导学生抽象出基本几何图形，感受数学与生活的密切联系，提出课题。

活动三：创设情境，抽象图形

问题1：看图6-2，找出图中的线段、射线、直线，并用数学语言描述线段、射线、直线的特征。

图6-2 线段、射线、直线

【师生互动】学生根据生活经验和直观感知，在图中描出基本几何图形，并在教师的引导下用学过的数学语言描述线段、射线、直线的特征。如学生回答，绷紧的琴弦可以近似地看作线段；线段有两个端点；将线段向一个方向无限延长就形成了射线；射线有一个端点；将线段向两个方向无限延长就形成了直线；直线没有端点。

问题2：看图6-3，说说生活中有哪些物体可以近似地看作线段、射线、直线？

图6-3 线段、射线、直线实物示例图

【师生互动】学生根据几何图形特征在身边的场景中寻找对应的几何图形，如建筑物的边沿、跑道上的线条可以近似地看作线段；穿过树林的太阳光线可以近似地看作射线；向两边延伸的看不见尽头的长桥可以近似地看作直线。只要合理教师给予肯定和鼓励。

【设计意图】问题1引导学生从生活中抽象出几何图形，问题2引导学生根据几何图形特征寻找生活模型。通过在生活中识别可以抽象成线段、射线、直线的现象，促进学生初步理解线段、射线、直线的概念。

活动四：初步探究，符号表达

为了便于后续的学习与研究，我们需要将线段、射线、直线这些来自于生活的图形数学化。用数学的符号表示图形就是将其数学化的重要方式之一。

问题1：线段、射线、直线，如何用数学的方式进行表示呢？

【师生互动】教师利用数学软件演示"点动成线"的动画或让学生画图感受，引导学生观察线段延伸的变化过程，理解线段、射线、直线三者之间的关系。如图6-4所示，师生结合观察到的动画现象，抽象出线段、射线、直线，并用数学符号表示。教师板书：线段用两个大写字母表示，记作线段AB（或线段BA），也可用一个小写字母表示，记作线段a。

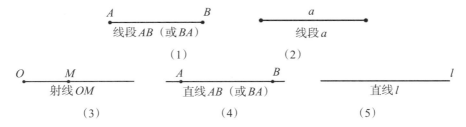

图6-4 "点动成线"示意图

追问1：可否类比线段，得出射线和直线的表示方法呢？

【师生互动】学生作答，教师引导其规范表达。示例如下。

射线用两个大写字母表示，前一个字母表示端点，后一个字母表示方向，记作射线 OM。直线用两个大写字母表示，记作直线 AB（或直线段 BA），也可用一个小写字母表示，记作直线 a。

追问2：借助表6-2，进一步完善线段、射线、直线的表示，并写出它们的端点个数分别是多少？它们的延伸情况如何？能否用工具进行度量？

表6-2　线段、射线、直线的比较

名称	图形	表示方法	端点个数	延伸情况	能否度量
线段	A　B a	线段 AB（或 BA） 线段 a			
射线	O　M	射线 OM			
直线	A　B l	直线 AB（或 BA） 直线 l			

【师生互动】教师提供如上表格，引导学生归纳线段、射线、直线的区别与联系。学生先独立填表，组内交流，再小组展示。教师对学生的成果展示进行及时评价。教师应关注学生是否准确表示线段、射线、直线，注意要将表示射线端点的字母要放在前面。

问题2：如图6-5所示，点 A，B，C，D 都是直线 a 上的点。

（1）线段 AB 与线段 BA 是同一条线段吗？

（2）射线 AD 与射线 BD 是同一条射线吗？射线 AB 与射线 BA 是同一条射线吗？射线 AB 与射线 AD 是同一条射线吗？射线 AB 与射线 BA 呢？射线 AD 与射线 AB 呢？

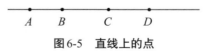

图6-5　直线上的点

【师生互动】学生尝试用线段、射线的概念进行辨析，互相修正，然后由教师引导学生及时总结，从"线段的表示与字母顺序无关""射线的首字母为端点字母"来判断。

【设计意图】通过表格对比，理解线段、射线、直线的概念、特征、共性和区别，掌握其符号表示。通过图形、表示方法、端点个数、延伸情况、能否度量五个维度的对比，促进学生进一步理解概念，熟练掌握文字语言、符号语言和图形语言之间的转化。

活动五： 小结提升，框架建构

回顾本节课的探究过程，回答下列问题。

问题1： 用简洁的语言说明"线段、射线、直线"一课所研究的问题。

问题2： 本节对几何图形的探索，我们经历了怎样的研究过程？用了哪些数学思想和方法？

和教师一起梳理本课探究流程图。

【师生互动】 教师鼓励学生畅所欲言，总结本节课的知识、方法和思想，交流学习的收获与体会。在学生回答后，教师适时点拨，帮助学生完善知识体系，引导学生体会几何图形研究路径"实物—图形—概念—表示—性质—应用"，点出本单元后续研究角、多边形也会遵循此研究路径，还可鼓励学生提出新的问题，启发学生思考。

探究流程图参考图6-6。

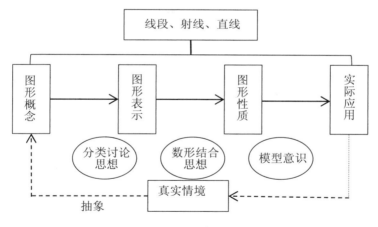

图6-6　流程参考图

（五）教学反思及说明

本课定位为"情境类起始课"，在教学设计时体现了本单元的整体学习方法，重视本单元主题的统领作用，从单元整体入手，构建几何图形的研究路径。其一，充分挖掘本节内容与现实情境的联系，突出数学与生活的紧密联系，即"数学源于生活也应用于生活"，发展学生用数学的眼光看世界的能力。其二，本章研究基本平面图形，是后续学习三角形、四边形、圆的基础和初步，设计中体现了研究几何图形的一般步骤，从身边真实的情境中抽象出图形，然后认识图形，概括定义，用数学符号表示图形，进而探究图形的性质，最后进行实际应用，用数学的语言表达现实世界。其三，教学设计中也体现了学生是学习的主体，教师是组织者、引导者、合作者，应以问题为载体，以学生活动为主线，通过设置动手操作、合作探究、交流展示等活动，突出了学生的主体地位。

本课的师生互动活动设计丰富，且前后联系，学生能在合作学习中，互帮互助，突破本节课的重难点。但是，学生对几何图形研究路径和研究思路的提炼还有待提高，在以后的教学中需继续重视此类训练，以促进学生思维水平的提升。

（魏群　成都市泡桐树中学）

课例2 七年级上册第五章"一元一次方程"单元 起始课的教学案例

（一）背景分析

1. 内容的课标分析

《义务教育数学课程标准（2022年版）》对方程内容的要求如下。

（1）能根据现实情境理解方程的意义，能针对具体问题列出方程，发展模型意识。

（2）理解方程解的意义，经历估计方程解的过程，发展数据观念。

（3）掌握等式的基本性质，能解一元一次方程，发展运算能力与推理能力。

（4）能根据具体问题的实际意义，检验方程解的合理性，发展应用意识。

2. 本单元的教学内容分析

"一元一次方程"是义务教育教科书（北师大版）七年级上册第五章内容，是初中数学"数与代数"领域下的"方程"主题。方程作为数学的一个重要分支，是刻画现实世界数量关系的一个有效数学模型。方程就是将众多实际问题"数学化"的一个重要模型。方程有悠久的历史，它随着实践需要而产生，并且具有极其广泛的应用。从数学本身看，方程是代数学的核心内容，正是对于它的研究才推动了整个代数学的发展，同时也推动了其他学科的发展。从代数中的方程分类看，一元一次方程是最简单的代数方程，也是所有代数方程的基础。

方程不仅是含有未知数的等式，更是体现已知量与未知量、未知量与未知量之间相等关系的等式。这种对方程的理解不仅涵盖了基本的定义和结构，还扩展到了它在数学中的应用和意义，特别是在解决问题时的功能性。

方程具有本质属性，作用相同，建模过程相同，不同之处在于求解程序不同。方程分类具有"形变而质不变的特征"，将方程这一大的领域进行"形式化"分类，从"元""次""式"的角度划分，由易到难逐步学习，螺旋上升。

基于方程研究方法的异同，教科书设计了3节内容：第1节"认识方程"，把实际问题抽象为方程，感知方程模型；第2节"一元一次方程的解法"，探索如何解一元一次方程；第3节"一元一次方程的应用"，用方程解决实际问题。在每节的编写中，仍然遵循本套教科书的编写风格，按照"问题情境—建立模型—解释、应用与拓展"的模式展开。

教科书用了3个课时，运用方程解决丰富多彩的、贴近学生生活的实际问题，意在引导学生能够比较完整地经历一个从具体情境中抽象出数学问题，再对数学问题进行研究和解决，然后利用数学知识解释实际问题的全过程，体会方程的应用价值，理解数学与现实世界之间的联系。为帮助学生掌握分析和思考实际问题中数量关系的策略，教科书增加一节"问题解决策略：直观分析"，引导学生借助表格和示意图直观分析问题，习得解决问题的重要策略。

3. 起始课入格分析

一元一次方程内容的展开线索为，方程的产生与意义—解方程—方程的应用。这一线索生成了研究初中方程体系的一般化方法和思路。教学中，采用应用情境类的形式，呈现丰富多彩的问题情境，从中寻找等量关系，建立一元一次方程，从事解方程的活动，根据具体问题的实际意义，检验结果的合理性。在这一过程中引导学生感受模型思想，体会方程是刻画现实世界数量关系的有效数学模型，有助于发展学生的符号意识和抽象能力，让学生感受数学的作用和价值。

具体到本课，可以创设生活实际情境，引导学生利用方程解决实际生活中的问题，感知方程模型；引导学生经历从丰富的情境中找出等量关系并列出方程的过程，感受多种数量关系均能利用方程表达，揭示方程是数学研究的一大进步，感知方程是刻画现实世界的有效模型。

4. 学情分析

学生在小学期间经历了分析简单数量的关系，并根据数量关系列出方程、求解方程、检验结果的过程。但因仍然对建立恒等关系式有些陌生，对方程的本质的理解不够深刻，更习惯于用算术方法解决问题。

学生在学习简易方程的过程中，经历了实验、猜想、观察、比较、分析、综合、抽象概括等数学活动，积累了较为丰富的活动经验，在解决问题的同时体会到了学习数学的价值；在独立思考的基础上，体验到了合作交流的重要性；同时在语言表达、发表见解方面都有成功的感受，具备了学习本课所需要的活动经验基础。

（二）教学目标

（1）本课例通过对多种实际问题的分析，让学生感受方程是刻画现实世界数量关系的有效模型。

（2）本课例通过观察、归纳一元一次方程的概念，让学生理解方程的解的概念，发展学生的抽象能力。

（三）教学重难点

1. 教学重点

本课例通过对实际问题的分析，让学生感受方程是刻画现实世界的有效模型。

2. 教学难点

如何简化实际情境中的数量信息，找出等量关系，列出方程。

（四）教学过程设计

活动一：感知方程模型

在班级秋游活动中，全体学生和老师共购买了45张门票，学生票每张10元，成人票每张15元，师生总票款为475元。你知道学生和老师的人数分别是多少吗？购买学生票和成人票的票款分别是多少？

问题1：这个问题涉及哪些量？它们之间有怎样的等量关系？

解答：学生人数、老师人数、学生票款、老师票款、师生总人数、师生总票款。

学生人数+老师人数=师生总人数。

学生票款+老师票款=师生总票款。

问题2：如果设学生人数为 x，那么师生总票款可以用含 x 的代数式表示：

_____。

解答：$10x+15(45-x)$。

问题3：你能得到怎样的表示量相等的式子？

解答：$10x+15(45-x)=475$。

【**师生互动**】教师需要提供充分独立思考和同伴交流的时间，让学生经历自主审题、独立思考、表达与交流等过程。问题解决后教师可根据具体情况追问解决实际问题的关键点是什么？解决实际问题的步骤是什么？

【**设计意图**】通过实际情境引入，设计悬念，激发学生学习方程的热情；同时通过设计循序渐进的问题串，揭示解决问题的关键是找等量关系，厘清列方程解决实际问题的思路。

活动二：认识方程模型

问题1：某长方形操场的面积是 $5850\ \text{m}^2$，长比宽多 $25\ \text{m}$。

追问1：这个情境涉及哪些量？它们之间有怎样的等量关系？

解答：长方形操场的长、宽、面积，公式为长×宽=面积。

追问2：如果设这个操场的宽为 x m，那么操场的面积可以用含 x 的代数式表示吗？

解答：$x(x+25)$。

追问3：你能得到怎样的表示量相等的式子？

解答：$x(x+25)=5850$。

问题2：甲、乙两地相距22 km，张叔叔从甲地出发到乙地，每小时比原计划多走1 km，因此提前 12 min 到达乙地。

追问1：这个情境涉及哪些量？它们之间有怎样的等量关系？

解答：甲乙两地的距离、原计划速度、实际速度、原计划时间、实际时间与时间差的关系：

$$速度=\frac{路程}{速度} \qquad 原计划时间-实际时间=时间差（提前12 min）$$

追问2：设张叔叔原计划每小时走 x km，那么他比原计划提前的时间可以用含 x 的代数式表示吗？

解答：$\dfrac{22}{x}-\dfrac{22}{x+1}$。

追问3：你能得到怎样的表示量相等的式子？

解答：$\dfrac{22}{x}-\dfrac{22}{x+1}=\dfrac{1}{6}$。

【师生互动】在解决问题后，教师可以引领学生思考不同的设未知数的方式，列出不同的方程，引导学生从多角度思考和解决问题。可以先独立思考再以小组为单位讨论，教师鼓励学生多思考，实现课堂的创生。

【设计意图】通过2个实际背景，引导学生分析问题、抓住等量关系、列出方程。进一步渗透列方程解决实际问题的思考程序。设置的问题情境符合学生认知水平，使学生体会学习方程建模的意义和作用。并为后面引出方程和一元一次方程的概念提供素材。

问题3：等式 $10x+15(45-x)=475$，$x(x+25)=5850$，$\dfrac{22}{x}-\dfrac{22}{x+1}=\dfrac{1}{6}$ 有什么共同特点？

【小结】

方程的定义：含有未知数的表示量相等的等式称为方程。

一元一次方程的定义：在一个方程中，只含有一个未知数，且方程中的代数式都是整式，未知数的次数都是1，这样的方程叫作一元一次方程。

【师生互动】教师引导学生甄别：三个等式分别是一元一次方程、一元二次方程、分式方程，目的是丰富方程的类型，为归纳方程的概念呈现实例。

【设计意图】让学生通过观察、归纳所列等式的共同特征，概括得到方程和一元一次方程的定义，进一步发展抽象素养。

问题4：我们回到这节课开始时的那个问题，你能继续利用所列的方程求出学生和老师的人数是多少吗？

追问1：你是怎么得到的？与同伴进行交流。

$10x+15(45-x)=475$

$10x+675-15x=475$

$-5x=-200$

$x=40$

答：学生40人，老师5人。

追问2：你能用什么方法验证刚刚求出的答案？你是怎么做的？

将$x=40$代入$10x+15(45-x)=475$中

左边$=10×40+15×(45-40)=475$

右边$=475$

左边=右边

【小结】

方程的解的定义：使方程左、右两边的值相等的未知数的值，叫作方程的解。求方程的解的过程称为解方程。

追问3：$x=2$是下列方程的解吗？

（1）$3x+(10-x)=20$；

（2）$2x^2+6=7x$。

（1）将$x=2$代入$3x+(10-x)=20$中

∵左边$=3×2+(10-2)=14$

右边$=14$

∴左边≠右边

∴$x=2$不是原方程的解

（2）将$x=2$代入$2x^2+6=7x$中

∵左边$=2×2^2+6=14$

右边$=7×2=14$

∴左边=右边

∴ $x=2$ 是原方程的解

【师生互动】教师引导学生发现并解决问题，将方程的解代回方程检验是实际解方程时不可省略的一个过程。

【设计意图】通过进一步解决秋游活动人数问题，体会方程的解的概念，同时巩固验证是否是方程的解的方法。

活动三：运用方程模型

问题1：根据题意列出方程。

（1）在公元前1600年左右遗留下来的一卷古埃及纸草书中，记载着一些数学问题。其中一个问题翻译过来是：啊哈，它的全部，它的 $\frac{1}{7}$，其和等于19。你能求出问题中的它吗？

解：设它为 x，由题意得 $x+\frac{1}{7}x=19$。

（2）某球队参加足球联赛，规定每队胜一场得3分，平一场得1分，负一场得0分。该球队已比赛10场，并保持不败，一共得了22分。该球队已胜了多少场？平了多少场？

解：设该球队已胜了 x 场，由题意得：$3x+1(10-x)=22$。

问题2：请判断，下列方程中哪些是一元一次方程？

（1）$5x=0$；　　（2）$2x+3=0$；　　（3）$x+y=8$；　　（4）$x^2=4+x(x+3)$；

（5）$y^2=4+y$；　　（6）$3m+2=1-m$；　　（7）$\frac{1}{x}=x+1$。

解：（1）（2）（4）（6）。

【师生互动】

问题1：需引导学生从实际问题中寻找等量关系，建立一元一次方程。如果出现不同设未知数的方式，教师就要加以肯定和鼓励。

问题2：需引导学生总结判断是否为一元一次方程的方法和注意事项。

【设计意图】经历由实际问题抽象出数学问题及通过对数学问题的研究解决实际问题的过程，让学生充分感受到数学来源于生活、服务于生活，体会方程是刻画现实生活数量关系的有效数学模型。并会用定义判断哪些方程是一元一次方程。

问题3：请写出一个解为 $x=3$ 的一元一次方程。

追问：请用自己的年龄编一道数学题，并列出方程。

【师生互动】学生根据一元一次方程的定义，独立写出一个一元一次方程；并

写出一个解为 $x=3$ 的一元一次方程，并自己编制一道实际应用问题。该问题可与行程、年龄、打折销售等等实际生活相关，教师引导学生独立思考后分享交流。

【设计意图】借助该问题进一步感知方程的模型思想，培养学生的符号意识和抽象能力，感受数学的作用和价值。开放问题有助于帮助学生对建构方程数学模型的一般方法的理解，培养学生思考数学问题和应用数学知识解决实际问题的能力。

活动四：方程模型小结（图6-7）

通过本节课的学习，回答以下问题。

（1）你掌握了哪些知识？

（2）你收获了哪些思想方法？

（3）你还想探究哪些问题？

（4）谈谈你的学习体会。

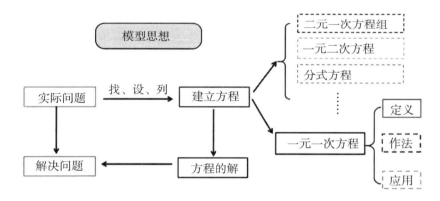

图6-7　方程模型

【师生互动】鼓励学生畅所欲言，总结本节课的知识内容，并交流学习的收获与体会。在此基础上，教师适时点睛、完善体系，帮助学生将所学知识纳入自己的认知结构之中，还要提出新的问题，引发学生新的思考。

【设计意图】通过小结环节梳理知识，使学生对本节课所学知识的结构有一个清晰的认识，引导学生建构起自己的知识经验，形成知识体系，从感性认识上升到理性认识。同时，教师总结并构建知识体系，也为全章及后续学习指明路径。

（五）教学反思及说明

（1）采用应用情境类的大单元起始课设计，以教材提供的素材和学生实际生活中的一些具体问题为载体，使学生经历由实际问题抽象出数学问题及通过对数学问题的研究解决实际问题的过程，引导学生充分感受到数学来源于生活、服务于生活，感受到方程模型在解决实际问题中的作用。作为起始课，引导学生从实际问题中寻找等量关系，建立方程，体会方程是刻画现实生活数量关系的有效数学模型，初步建构研究初中方程体系的一般化方法和思路。

（2）在学习过程中，基于学生已有的活动经验，为学生提供大量的抽象、归纳、应用等操作、交流活动，激发学生学习兴趣，提高学生的思维水平和用数学发现、解决问题的意识，有利于更深刻地理解问题的本质，充分发挥单元起始课的作用。

（刘张阳　成都七中初中学校）

课例3　八年级上册第一章"勾股定理"
单元起始课的教学案例

（一）背景分析

1. 内容的课标分析

《义务教育数学课程标准（2022年版）》对勾股定理内容的要求如下。

（1）在研究图形性质与运动等过程中，进一步发展空间观念。

（2）在多种形式的数学活动中，发展合情推理能力。

（3）经历从不同角度寻求分析问题和解决问题的方法的过程，体验解决问题方法的多样性。

（4）探索勾股定理及其逆定理，并能运用它们解决一些简单的实际问题。

2. 本单元的教学内容分析

勾股定理是平面几何有关度量的最基本定理，该定理透过对边长的剖析，加深了我们对直角三角形特质的认识。学习勾股定理及其逆定理是进一步认识和理解直角三角形的需要，也是后续有关几何度量运算和代数学习的必要基础，因而勾股定理具有学科的基础性和广泛性。学习勾股定理，还能深入感悟到其中蕴含的丰厚数学文化，并借此激励学生对数学历史及文化的思考。在探讨和验证勾股定理的过程中，也孕育出许多研发思辨能力的珍贵思想资源。而学生先前已经经历过较多的操作性活动和探究性活动，具备了一定的探究能力，在教师的精心指导下能够对勾股定理做出深层次的探究。基于这些思考，本书不仅帮助学生掌握勾股定理及逆定理以及应用于实际问题并解答，还推动学生亲身投入探索这些理论。这样的学习和经历，丰富了学生的数学操作实践，提高了他们逻辑推演、分析判断以及解决问题的能力，并使他们理解勾股定理的文化价值。

为此，教科书设计了3节内容：第1节"探索勾股定理"；第2节"一定是直角三角形吗"，探索勾股定理的逆定理；第3节"勾股定理的应用"，巩固勾股定理及其逆定理。在每节的编写中，仍然遵循本套教科书的编写风格，按照"问题情境—建立模型—解释、应用与拓展"的模式展开。

为了突出勾股定理的探究价值，教科书用了2个课时，并巧妙构建了众多探求和验证的习题，采取了一种逐渐深入、特别重视的教学手法。通过这样的做法，本书企图重塑勾股定理发掘的足迹，让学生感悟到各种探索策略之间的深刻关联，同时激发学生的逻辑推理能力，并提升他们分析及解决难题的能力。

3. 起始课入格分析

本节采用应用情景类的形式，在情境问题中阐述勾股定理的由来，勾股定理是什么，勾股定理的证明方法；通过勾股定理历史的介绍让学生感受学习的必要性；尝试帮助学生在章节学习的初期阶段形成一个系统的认识，从而提高学生对单元学习的系统化程度，这有利于学生在明确认知的前提下，有条不紊地进行学习。

4. 学情分析

八年级的同学们已经建立了基本的三角知识框架，他们能够对几何图形进行直观的认识，因此掌握勾股定理会相对轻松。在勾股定理的学习过程中，主要注重培养学生从具体案例推广到一般规律的数学思维，在整个教学活动中注重激发学生的积极性，让他们通过观察、猜测、总结的过程深化理解，同时增强他们分析和解决问题的能力。

（二）教学目标

（1）通过实际情境的处理，学生体验勾股定理的实用性，能够了解勾股定理的由来，感受奇妙的图像特征。

（2）了解勾股定理的证明方法，学生体会探究勾股定理的困难和探究成功的喜悦，发展学生的核心素养。

（三）教学重难点

1. 教学重点

以探索勾股定理的由来为主线，学生明白为什么要学习勾股定理。

2. 教学难点

学生在情境中感受古人如何发现勾股定理，直角三角形三边的平方关系的探究过程。

（四）教学过程设计

活动一：自主前置学习，整体感知

学生回顾三角形相关知识，画出三角形所学知识的思维导图；通过收集书籍和网络，整理勾股定理的由来。尝试梳理本章即将学习的知识框架。

活动二：创设情景，知识激趣

如图6-8所示，昨日大暴雨，学校操场旁边的一棵大树在离地面3 m处被风折断，树的顶端落在离树干底部4 m处，求这棵树折断之前的高度。

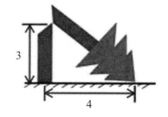

图6-8 树木示意图

【**师生互动**】老师课前准备好网格纸，课堂采用小组合作，学生通过多次作图、数格子、直尺测量等方式，大胆猜测直角三角形三边的关系。

【**设计意图**】通过借助网格纸求解吹断的树干的高度，感受勾股定理在实际生活中运用广泛，理解探索勾股定理的必要性。

活动三：引入课题，勾股定理的起源

实际上，利用勾股定理我们可以很容易地解决这些问题。

勾股定理是一个古老的定理，人类很早就发现了这个定理，加之反映勾股定理内容的图形形象直观，数学家曾建议用这个图形作为与"外星人"联系的信号。让我们一起探索这个古老的定理吧！

问题1：数学家为什么建议用这个图形作为与"外星人"联系的信号呢？

【**师生互动**】学生各抒己见，自由交流，目的在于激发学生探索，提高进一步学习的兴趣。

老师参考答案：长久以来，很多人都认为，数学可能是宇宙中的一种通用语言，地球文明与外星文明的交流应该建立在数学逻辑的基础上。诚然，数学是人类认知世界最基本的工具，被认为在宇宙中具有通用性也是理所应当的。因为地球人员与外星人的语言会有不同，外星人听不懂我们说话，而用这种数学几何图形，可以让外星人认知到这里有智慧生命，毕竟理论是共通的。

同学们通过前期查找相关书籍，通过网络收集整理勾股定理的由来。另外，关于勾股定理的有趣故事有哪些呢？分享给老师和同学们吧！

分享一：勾股定理最早由我国西周初的数学家商高提出，因此又叫作"商高定理"，该发现早于古希腊数学家毕达哥拉斯500多年。之所以称之为"勾股定理"，是因为在中国古代将直角三角形称作"勾股形"，即称较短的直角边为"勾"，称较长的直角边为"股"，称斜边为"弦"，这也就有了我们最常听到的"勾三股四弦五"。

分享二：在西方有文字记载的最早的勾股定理是由毕达哥拉斯给出的。据说当他证明了勾股定理以后，欣喜若狂，杀牛百头，以示庆贺。故西方亦称勾股定理为"百牛定理"。遗憾的是，毕达哥拉斯的证明方法早已失传，我们无从知道他的证法。

分享三：1876年一个周末的傍晚，在美国首都华盛顿的郊外，有一位中年人正在散步，欣赏黄昏的美景，他就是当时美国俄亥俄州共和党议员伽菲尔德。他走着走着，突然发现附近的一个小石凳上，有两个小孩正在聚精会神地谈论着什么，时而大声争论，时而小声探讨。由于好奇心驱使，伽菲尔德循声向两个小孩走去，想搞清楚两个小孩到底在干什么。只见一个小男孩正俯着身子用树枝在地上画着一个直角三角形。于是伽菲尔德便问他们在干什么？那个小男孩头也不抬地说："请问先生，如果直角三角形的两条直角边分别为3和4，那么斜边长为多少呢？"伽菲尔德答道："是5呀。"小男孩又问道："如果两条直角边长分别为5和7，那么这个直角三角形的斜边长又是多少？"伽菲尔德不假思索地回答道："那斜边的平方一定等于5的平方加上7的平方。"小男孩又说："先生，你能说出其中的道理吗？"伽菲尔德一时语塞，无法解释了，心里很不是滋味。

于是，伽菲尔德不再散步，立即回家，潜心探讨小男孩给他出的难题。他经过反复思考与演算，终于弄清了其中的道理，并给出了简洁的证明方法。

【设计意图】本教学素材汲取了教科书该部分开篇所呈现的信息，引入了以太空航行的星际飞船为背景的主图，装饰着《周髀算经》及揭示勾股原理的几何形状，开篇语言提示道：有数学家推荐利用此几何设计与"外星人"建立联系的信号。此举无疑会激发学生众多的探究：与外星智慧生物沟通所采用的"符号体系"需满足哪些条件？这幅图形获得教育专家的偏爱，定然拥有某些积极的属性，那么它究竟拥有哪些特质？它所表现的勾股理论具体指的是什么，又有何种用途？这种深入的思辨活动能够点燃学生浓厚的探求欲，使得他们怀揣这些疑问投入本单元的学习之旅。教学中应充分利用章前图文激发学生的兴趣。

活动四：合作探究，欣赏勾股定理的图像变化

同学们的分享来至于方方面面，故事很有趣，无疑会激发同学们的学习兴趣，探索欲望。

问题2：勾股定理有哪些证明呢？

【师生互动】请学生展示课前收集的一些证明方法，介绍即可，不一定严格证明；教师也可以加入其他一些证明方式，做简单的介绍。以激发学生学习兴趣为主。

（1）赵爽证明

三国时期吴国数学家赵爽，在《周髀算经》的注释中记载"勾股各自乘，并之为玄实，开方除之即弦"。并通过"勾股圆方图"证明了勾股定理。说明：大正方形的面积等于4个直角三角形加上1个小正方形面积之和（图6-9）。

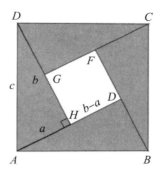

图6-9 赵爽证明

$$S_{四边形ABCD} = 4 \times S_{\triangle ADH} + S_{EFGH}$$

$$S = \frac{ab}{2} \times 4 + (b-a)^2$$

$$\therefore c^2 = a^2 + b^2$$

（2）总统证明

加菲尔德在1880年当选美国第20任总统，他在五年前证明了勾股定理，因此也称这个证明方法为"总统证法"。说明：梯形面积等于3个直角三角形的面积之和（图6-10）。

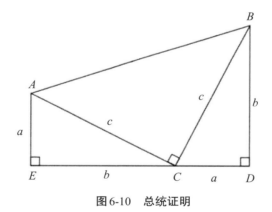

图6-10 总统证明

$$S_{四边形ABDE} = S_{\triangle AEC} + S_{\triangle CDB} + S_{\triangle ABC}$$

$$\frac{(a+b)^2}{2} = \frac{ab}{2} + \frac{ab}{2} + \frac{c^2}{2}$$

$$\therefore c^2 = a^2 + b^2$$

（3）无字证明

事实上，勾股定理的证明方法十分丰富，达数百种之多，其中有一类方法尤为独特，单靠移动几个图形就能直观地证出勾股定理，被誉为"无字的证明"。此处老师提前准备一个小视频，让学生动态感知。

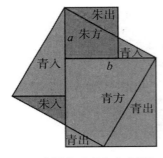
中国的"青朱出入图"

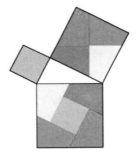
古印度的"无字证明"

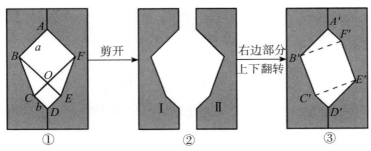
意大利著名画家达·芬奇的方法

图6-11　无字证明

以上证明方法在北师大版八年级上册"勾股定理"第一课时后面的读一读都有介绍，通过对以上证明方法的了解，更是激发了学生进一步探索的兴趣，老师这时再播放两个提前准备好的小视频，此视频主要阐述了多种不同的勾股定理证明手段。其目的在于使学生体验数学的历史深度，以及理解勾股定理的探索及其校验过程所承载的深厚文化意义。众多古老文明各自独立地揭示了勾股定理的存在，其中，中国亦为最初之一的国家，曾经早期识别并理解了这一定理。进一步体会勾股定理在生活中的广泛应用与丰富的文化价值，提高学生学习数学的兴趣。

活动五：学以致用，解决问题

请学生结合本节课对本章知识的了解以及对教材的预习，画出本章的知识结构，开启新的一章的学习。要让学生对本章的内容框架、知识特点有整体认识，形成全局观念和系统思维习惯，又要让学生对后续的学习内容和学习方法了然于胸，增强学习的预见性和主动性，提高学习的效率和质量。从而达到承前启后、开山引路的作用。

活动六：提炼知识，总结再创造的收获

（1）学完本节后你有什么收获？

教师根据学生的回答总结本章的主要知识，渗透数学思想方法。

【设计意图】起始课旨在继往开来，奠基定向。通过首节课的指导，学生应对整个章节的构架和知识点有全面的了解，培养宏观的视角和系统的思考方式，同时使得学生对接下来的学习内容和策略有清晰的掌握，增进学习的前瞻性和积极性，提升学习的成效和品质。

（2）你还有什么问题？

【设计意图】增强学生继续学习本章的兴趣，充分给学生展示的平台。

《义务教育数学课程标准（2022年版）》指出，注重以单元为整体的教学构想，凸显数学概念互联的逻辑脉络，激励学生全面领会数理课程内容，逐步塑造其关键能力。从单元整合的角度出发，对章起始课进行的教学设计，便是基于该教学方法的有效探索与实践。

（五）教学反思及说明

（1）采用应用情境类的大单元起始课设计，让学生了解知识的来龙去脉。作为起始课，学生了解勾股定理的来源与发展沿革，简单实践体验勾股定理的相关内容，积累一定的学习经验。

（2）在学习过程中，教师要避免一讲到底。勾股定理的来源与发展，是一个充满趣味与文化气息的过程，尤其是勾股定理的证明，集聚了古往今来的数学家的智慧，很值得学生通过实践操作去体验。多放手学生活动，多让学生体验感悟，更能发挥单元起始课的作用。

（张伟　成都市石室天府中学）

课例4　八年级上册第四章"一次函数"
单元起始课的教学案例

（一）背景分析

1. 内容的课标分析

本章学习包括"函数"和"一次函数"两个主题，《义务教育数学课程标准（2022 年版）》对"函数"和"一次函数"内容要求如下。

（1）函数的概念。

①探索简单实例中的数量关系和变化规律，了解常量、变量的意义；了解函数的概念和表示法，能举出函数的实例。

②能结合图像对简单实际问题中的函数关系进行分析。

③能确定简单实际问题中函数自变量的取值范围，会求函数值。

④能用适当的函数表示法刻画简单实际问题中变量之间的关系，理解函数值的意义。

⑤结合对函数关系的分析，能对变量的变化情况进行初步讨论。

（2）一次函数。

①结合具体情境体会一次函数的意义，能根据已知条件确定一次函数的表达式（例70）；会运用待定系数法确定一次函数的表达式。

②能画一次函数的图像，根据图像和表达式 $y=kx+b$（$k\neq0$）探索并理解 $k>0$ 和 $k<0$ 时图像的变化情况；理解正比例函数。

③体会一次函数与二元一次方程的关系。

④能用一次函数解决简单实际问题。

《义务教育数学课程标准（2022 年版）》对函数和一次函数的学业要求如下。

函数的概念——能识别简单实际问题中的常量、变量及其意义，并能找出变量之间的数量关系及变化规律，形成初步的抽象能力；了解函数的概念和数表示法，能举出函数的实例，初步形成模型观念，能用适当的函数表示法刻画简单实际问题中变量之间的关系，理解函数值的意义；能确定简单实际问题中函数自变量的取值范围，并会求函数值；能根据函数图像分析出实际问题中变量的信息，发现变量间的变化规律；能结合函数图像对简单实际问题中的函数关系进行分析，结合对函数关系的分析，能对变量的变化趋势进行初步推测。

　　一次函数——能根据简单实际问题中的已知条件确定一次函数的表达式；会在不同问题情境中运用待定系数法确定一次函数的表达式；会画出一次函数的图像；会根据一次函数的表达式求其图像与坐标轴的交点坐标；会根据一次函数的图像和表达式 $y=kx+b$（$k\neq0$），探索并理解 k 值的变化对函数图像的影响；认识正比例函数中两个变量之间的对应规律，会结合实例说明正比例函数的意义及变量之间的对应规律；会根据一次函数的图像解释一次函数与二元一次方程的关系；能在实际问题中列出一次函数的表达式，并结合一次函数的图像与表达式的性质等解决简单的实际问题。

　　《义务教育数学课程标准（2022 年版）》对函数的教学提示是：函数的教学要通过对现实问题中变量的分析，建立两个变量之间变化的依赖关系，让学生理解用函数表达变化关系的实际意义，要引导学生借助平面直角坐标系中的描点，理解函数图像与表达式的对应关系，理解函数与对应的方程、不等式的关系，增强几何直观会用函数表达现实世界事物的简单规律，经历用数学的语言表达现实世界的过程，提升学习数学的兴趣，进一步发展应用意识。相关知识结构如图 6-12、图 6-13 所示。

　　2. 本单元的教学内容分析

　　函数作为初中阶段数与代数领域三大主题之一，是用数学语言表达现实世界的重要载体，是刻画变量之间关系的常用模型。初中阶段要学习三类函数（一次函数、反比例函数、二次函数），三类函数学习路径相似，一次函数既是最基础的函数，也是最先接触的函数，故一次函数的学习既包括对具体知识点本身的学习，也包含对函数学习范式的学习；既要"学会"也要"会学"。

　　本章分为四节内容，内容主要包括 3 个方面：概念（函数、一次函数、正比例函数）、一次函数的图像、一次函数的应用。其中前两节主要介绍 3 个概念，第三节研究一次函数的图像，第四节研究一次函数的应用。对"概念"的学习，分为 2 个课时，第 1 课时要在理解变量的基础上，在具体的情景内，在分析建模的过程中，理解函数本质；第 2 课时要理解一次函数和正比例函数概念，明晰三个概念之间的关系，建构三个概念间的结构体系。对"一次函数的图像"的学习，分为 2 个课时，第 1 课时以正比例函数为载体，经历作函数图像的过程，总结作函数图像的一般步骤，熟悉作函数图像的操作并作出更多的正比例函数图像，再对比分析不同的正比例函数图像特征，归纳正比例函数图像性质，并优化作正比例函数图像的过

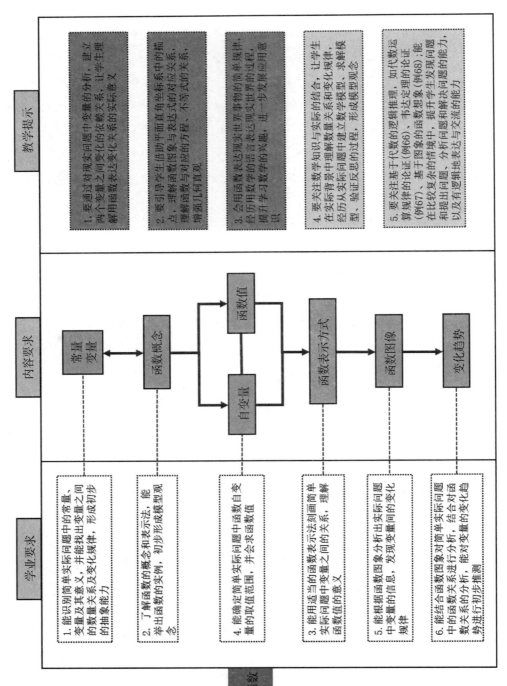

图 6-12 "函数" 知识结构图

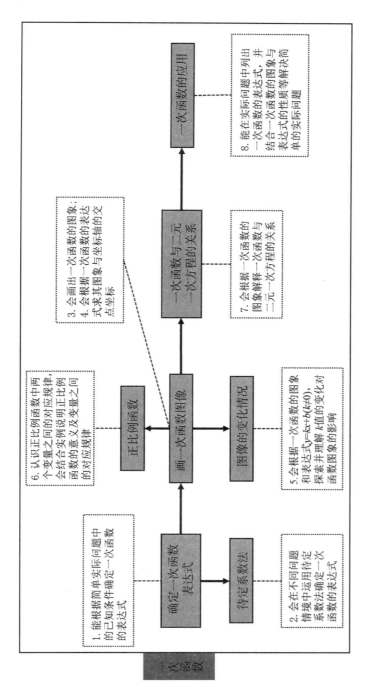

图6-13　"一次函数"知识结构图

程；第2课时，类比于正比例函数图像的研究，完成一次函数的图像的学习。对"一次函数的应用"的学习，分为3个课时，第1课时学习通过待定系数法确定函数表达式；第2课时学习通过函数图像获取信息；第3课时学习一次函数图像的交点意义。各部分内容之间的结构关系如图6-14所示。

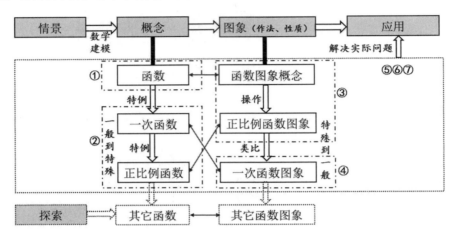

图6-14 "函数"结构关系图

3. 起始课入格分析

本节采用应用情景类的形式，在解决具体情景问题的过程中，感知函数的存在性和研究的必要性，进而感知研究函数的维度，以便构建函数学习的系统化框架，以达到能够帮助学生在章节学习的初期阶段对本章形成一个系统的认识。

4. 学情分析

函数学习是由常量数学到变量数学，在变量数学的学习类别中，初二学生已经具备"分析现实情景中的数量关系、描述变量之间关系"等活动场景经验，但由于函数概念的高度抽象性，学生对函数概念的深刻理解存在困难。初二学生具备对具体内容学习的经验和情感，缺少对学习方法的学习意识和能力。

（二）教学目标

（1）本课例通过对实际问题中的数量关系和变化规律的分析与处理，让学生感知常量、变量和函数之间的关系，体验从具体到抽象的数学思考过程，发展学生数学建模的思想。

（2）本课例通过对实例中问题的分析与解决，让学生了解研究函数的一般方法，感知函数相关内容的整体特征和内在逻辑，培养学生系统性思维。

（三）教学重难点

1. 教学重点

学生以具体实例感知生活问题数学化的过程，了解研究函数的一般方法。

2. 教学难点

引导学生建立知识联系，形成本章的知识框架，使概念理解从"孤立存在"转向"体系存在"。

（四）教学过程设计

活动一：前置学习，积累经验

【师生互动】教师布置任务，提供一些寻找杆秤的方向与渠道（如实物、模型、图片、视频等）；学生进行小组合作，利用课后时间收集相关资料，并学习杆秤的使用方法。

杆秤是中国最古老也是现今人们仍然在使用的衡量工具，它制作轻巧、经典，使用也极为便利，作为商品流通的主要度量工具，活跃在大江南北，代代相传。天地间有杆秤，人们不断赋予秤的文化内涵，公平公正的象征，天地良心的标尺，一桩桩交易就在秤砣与秤盘的此起彼伏间完成。随着时代发展，一些事物也将退出我们的日常生活，而电子秤的普及，则预示着杆秤将退出历史的舞台，成为民族的符号。

杆秤是中国古代汉族劳动人民的智慧结晶，杆秤的工作原理包含了物理、数学等知识，杆秤的兴衰沉浮记录了社会生活变迁史，具有悠久的历史特征，今天让我们通过下列任务一起来探究一下杆秤中的奥秘吧！

任务1：认识杆秤（了解其历史、结构、文化等）。

任务2：学习杆秤使用方法。

【设计意图】函数具有高度的抽象性，在具象化的实践活动中积累经验，因此需要选择易于操作的情景为载体。杆秤是具有中国特色的简单科学仪器，操作简单、观察方便，因此选择在"杆秤的认识与使用"背景下完成本节内容的学习。在资料的收集的过程中，学生了解杆秤的历史文化，增强文化自信；在了解杆秤结构和使用方法的过程中，激发学生对杆秤测重原理的思考，既为本节课堂活动做准备，也为后续物理学习中的"杠杆原理"积累活动素材。

活动二：课堂活动，知识激趣

情境1：介绍杆秤的历史与结构，如图6-15所示。

图6-15 杆秤结构示意图

【师生互动】老师课前准备好展示准备工作（如杆秤实物、学生分享的PPT等）；介绍本节课的主题，选择一个小组代表在课堂上分享本组收集资料，介绍杆秤的历史与结构。

【设计意图】采用学生分享的方式，进一步认识杆秤，激发学生学习兴趣，活跃课堂学习氛围，积累探究经验。

情境2：演示杆秤的使用方法。

【师生互动】教师提供演示所需工具与物品，两名学生合作演示杆秤的使用，教师辅助展示。

具体过程参考如下。

准备：杆秤、质量大小均匀的物块（例如，重100 g）。

操作：A学生左手握紧提纽将杆秤提起，并使秤杆保持水平，右手握住秤砣；

　　　B学生将物块置于秤盘之中（注意将物块置于秤盘正中间）；

　　　A学生右手调整秤砣至合适位置，使右手松开后，秤杆可保持平衡；

　　　B学生读出此时的刻度（记录刻度数即可），并进行记录。

教师借助媒体技术展示学生演示过程，特别注意对"读刻度"环节的展示。

【设计意图】通过具体的操作，首先使学生熟悉杆秤的使用方法，为后续实践活动提供学习经验；其次是在具体的操作过程中，物块数目确定时，秤砣需要悬挂于特定的位置，感知"所秤物块的个数"与"刻度"两个变量及其之间存在的对应关系，对当物块数确定时，有且仅有一个位置悬挂秤砣才能保持平衡，进一步感知每一个自变量确定，有唯一的因变量与之对应，在具体的操作过程中将变量之间的对应关系具象化，加深对"对应"的理解；最后记录的数据为后续分析提供素材。

情景3：小组合作，自行称重，记录数据。

【师生互动】教师分布任务，并提供数据汇总表格；学生两人合作，自行选择合适个数的物块进行称重（注意：要求学生选择同一个提纽进行称重），并记录数据，小组代表将本组数据汇总于黑板；如图6-16所示。

物块个数								
刻度（重量）								
备注								

图6-16 称重记录表

【设计意图】全员参与，收集数据，在具体操作中国进一步感知"所称物块的个数"与"刻度"之间存在的对应关系。通过对每组实验过程产生的数据进行汇总，一方面可以增加数据容量；另一方面也有助于学生在后续的分析中感受主人翁意识，提高学生的参与度。

活动三：问题解决，探寻关系

【师生互动】教师以问题串引导学生进行观察，进而引发对"杆称中的数学"的思考；学生根据教师的问题进行操作与思考。

问题1：在上述实验过程中有几个变量？变量之间有怎样的关系？

预设回答：有两个变量（所称物块的个数与刻度）；物块数目确定时，对应刻度确定。

问题2：你能对两个变量之间的关系提出合理的猜想吗？

预设回答：物块数越多，刻度越大；每增加一个物块，刻度增加 a（a 的值由具体数据确定，如 $a=2$）。

问题3：你能用何种方式表示出这两个变量之间的关系呢？各自的优点是什么？

预设回答：关系式（准确）、表格（具体）、图像（直观）。（引导学生回顾表示变量变式之间关系的三种方法）。

问题4：通过对不同表示方式进行观察，你能发现怎样的关系呢？

子问题（1）：在关系式 $y=2x$ 中，"2"的实际意义什么？

子问题（2）：如何做图像呢？图像有何特征？

预设回答：所秤物块的个数与刻度分别作为点的横纵坐标，采用表格的形式呈现出，在平面直角坐标系中描出对应的点；所有点分布在一条直线上，物块数量每增加一个，刻度增加的量相同。

实验验证：使用杆秤称一个物块数量的重量，使得杆秤处于平衡状态，先将刻度进行变化，再增加物块个数，验证是否继续保持平衡。

问题5：如何估计杆秤（给定）最大称重量？

预设回答：随着物块数目增加，秤砣悬挂点离提纽处越远，越靠近秤杆尾部，当挂在最尾部时，即对应最大称重量。

【设计意图】作为章节起始课，要让学生对本章内容的内在逻辑进行感知，在具体的操作中初步建构内容框架，形成系统思维习惯。故问题的设置顺序与章节内容设置保持一致，问题1、2主要对标理解函数概念，问题3对标表示函数的方式，问题4对标研究函数的关系式与图像，子问题（1）对标理解正比例函数比例系数的意义；子问题（2）对标画函数图像和研究函数图像性质，在画图中感知三种表达方式之间的相互转化，实验验证是在具体操作中继续加深对"均匀变化"的理解；问题5对标一次函数增减性的理解和一次函数的应用；在简单可操作的实践活动中，经历一个完整的函数研究过程，让学生对后续的学习内容和学习方法搭建系统框架。

活动四：归纳总结，解决问题

【师生互动】教师分布任务，学生课堂完成任务1并进行展示分享，教师点评优化，力争形成完善的学习路径梳理，任务2作为课后作业，学生课后独立完成。

任务1：请回顾本节课的学习过程，小组合作绘制知识框图。

任务2：实践与思考。

实践：若选择另一个提纽进行称重，相同的物块数对应的刻度一样吗？物块数与刻度又具备怎样的关系呢？你能类比于上述操作方式进行探究吗？

思考：请通过对本节课学习路径的复习，绘制本章各节内容之间的结构关系。

【设计意图】建构内容框架，形成系统思维习惯是本节的重难点，通过小组合作归纳加深对过程的回顾，通过小组展示和师生交流优化知识结构关系，将探究过程条理化，帮助学生学习构建内容框架的方法，也为任务2的落实做铺垫；通过任务2的完成，加深对整个章节的构架和知识点全面的了解，培养宏观的视角和系统的思考方式。

（五）教学反思及说明

1.采用应用情境类的大单元起始课设计

章前引言和图例建立了一个知识的原生点，然后衍生引发新知识，北师大版教材"一次函数"章前图例涉及弹簧测力计与行程问题，均具有较强的现实性与应用性，因此选择具有历史感的中国传统实用性衡量工具杆秤作为载体，开展本节内容的学习。作为章节起始课，一方面要让学生了解生活与数学的连接点，观察现实世界与数学世界的联系，感知新知识出现的必要性；另一方面要能从一个知识原点出发，衍生引发新知识，凸显本章的学习路径，进而完成本章知识内容的系统化。

2.生为主体促进学生数学建模素养的培育

学生是学习的主体，学习形式包括课外学习和课内学习，两者互相补充，课外收集相关内容，课堂展示分享，具有较强的综合性，与单元起始课定位较为吻合；函数学习中的"变化"与"对应"两个词需要理解和表达，学生在收集资料的过程中初步感知，在不断的感知中认识建立数学模型的必要性。课堂教师采用问题串的形式进行引导时，学生在不断的表达中经历建立数学模型的过程，进而在对不同方面的思考中学生感知本章内容的逻辑性，经历将生活问题数学化的数学建模过程，促进数学建模素养的培育。

3.归纳总结促进数学知识整体结构的建构

作为单元起始课，重点在于完成对即将学习的新知识框架的建构，懂得数学知识结构化的真意；归纳总结时，以回顾本节课学习路径为抓手，梳理概念间的纵横关系，明晰学科知识结构体系，发展学生的高阶思维；在具体的教学中，最后要呈现出本节内容完整的学习路径，展示知识整体结构，明晰本章知识系统。

（何明磊　成都市武侯区西川实验学校）

课例5 八年级上册第五章"二元一次方程组"单元起始课教学案例

（一）背景分析

1.内容的课标分析

《义务教育数学课程标准（2022年版）》对二元一次方程组内容的要求如下。

（1）经历对现实问题中量的分析，借助用字母表达的未知数，建立两个量之间关系的过程，知道方程是现实问题中含有未知数的等量关系的数学表达，建立模型观念。

（2）能根据现实情境理解方程的意义，能针对具体的问题列出方程；理解方程解的意义。

（3）掌握消元法，能解二元一次方程组。

（4）会根据一次函数的图像解释一次函数与二元一次方程的关系。

2.本单元的教学内容分析

北师大版教材初中阶段关于"方程"的章节共有四章，在七年级学生已经学习了一元一次方程，初步感受了方程的模型作用，并积累了一些利用方程解决实际问题的经验。在此基础上，八年级上第五章学习"二元一次方程组"。本章的学习将使学生进一步体会方程的模型思想，感受代数方法的优越性，同时也有助于巩固有理数、整式的运算、一元一次方程等知识，同时又是后续学习"分式方程""一元二次方程"及平面解析几何等知识的基础，所以本章起着承上启下的作用。

为此，教科书设计了8节的内容：第一节"认识二元一次方程组"，第二节"求解二元一次方程组"，第三节"应用二元一次方程组-鸡兔同笼"，第四节"应用二元一次方程组-增收节支"，第五节"应用二元一次方程组-里程碑上的数"，第六节"二元一次方程与一次函数"，第七节"用二元一次方程组确定一次函数表达式"，第八节"三元一次方程组"，其中第八节"三元一次方程组"是选学内容。在总体设计思路上，本章与一元一次方程类似，强调模型思想，关注知识的形成与应用过程。为此，教科书设计继续遵循"问题情境—建立模型—解释、应用与拓展"的模式，首先，通过丰富的实例引导学生观察归纳出二元一次方程和二元一次方程组的有关概念，并从中体会模型思想，进而通过具体方程总结出求解二元一次方程组的两种基本方法——代入消元法、加减消元法，并从中体会将二元一次方程组转化为一元一次方程的化归思想；其次，通过几个问题情境，列二元一次方程组解决现实问题，强化方程的模型思想，培养学生的数学应用意识；再次，通过二元一次方程组与一次函数的学习，培养学生数形结合的思想方法；最后，介绍三元一次方程组的基本解法，体会化归思想。

3. 起始课入格分析

本节采用前后类比类的形式，通过对几个实际问题的解决，回顾一元一次方程的相关知识，让学生体会用一元一次方程解决某些实际问题时，用未知数表示等量关系较困难，体会二元一次方程（组）学习的必要性。类比得到二元一次方程（组）的定义以及三元一次方程（组）的定义，体会方程的模型思想。

4. 学情分析

学生已学习一元一次方程，初步感受了方程的模型作用，并积累了一些利用方程解决实际问题的经验。在二元一次方程组的学习过程中，学生可体会方程的模型思想。在整个教学活动中，学生可从具体实例出发，经历模型化的过程，并在此基础上抽象出数学概念；同时学生可在自主探索与小组合作交流的过程中获取知识，增强应用意识，提高实践能力。

（二）教学目标

（1）本课例通过对实际问题的分析，让学生能用二元一次方程或二元一次方程组表示现实问题中的数量关系，进一步体会方程是刻画现实世界数量关系的有效模型。

（2）本课例通过观察类比，让学生归纳得到二元一次方程及二元一次方程组的概念，了解二元一次方程及二元一次方程组的概念。

（3）本课例通过观察类比，让学生归纳得到三元一次方程及三元一次方程组的概念，了解三元一次方程及三元一次方程组的概念。

（三）教学重难点

1. 教学重点

以方程为主线，让学生类比得到二元一次方程（组）的概念，三元一次方程（组）的概念，体会方程是刻画现实世界数量关系的有效模型。

2. 教学难点

引导学生从实际问题中抽象出二元一次方程（组），体会方程的模型思想。

（四）教学过程

活动一：情境引入，回顾一元一次方程

情境1：在校园篮球联赛中，每场比赛都要分出胜负，每队胜1场得2分，负1场得1分，某队在8场比赛中得到13分，那么这个队胜负场数应分别是多少？

【师生互动】教师提出问题，学生独立思考后回答。学生可能用假设法列算式求解，也可能利用找到得等量关系列一元一次方程求解。接着教师带领同学们回顾一元一次方程的相关知识。

情境2：在校园篮球联赛中，某球员在一场篮球比赛中共得35分，其中罚球得10分，若该球员多投进一个三分球，少投进两个两分球，则三分球的得分与两分球的得分相同。求该球员实际投中的三分球与两分球的个数（只列式不求解）。请同学们以小组为单位展开讨论。

【师生互动】学生小组讨论完成后教师请小组代表发言。学生根据找到的等量关系设该球员投中了 x 个两分球，则该球员投中的三分球的个数为 $\dfrac{35-10-2x}{3}$ 个，根据多投进一个三分球，少投进两个两分球，则三分球的得分与两分球的得分相同，得到 $3\left(\dfrac{35-10-2x}{3}+1\right)=2(x-2)$。

【设计意图】在创设情境环节，设置了两个现实世界的问题情境，以问题作为教学的出发点，激发学生的数学学习兴趣，使学生感受到数学就在身边。学生需分析问题中的数量关系，用数学语言描述现实世界和体会一元一次方程是刻画现实世界的有效数学模型。通过情境2，让学生体会用一元一次方程解决某些实际问题时，用未知数表示等量关系较困难，为后续二元一次方程组的学习作铺垫。回顾一元一次的相关知识，为后续利用类比思想得到二元一次方程组的相关概念做铺垫。

活动二：问题研讨，理解二元一次方程（组）

问题1：情境2中该球员实际投中的三分球与两分球的个数两个量是未知量，题目中找到两个等量关系，我们可以设一个未知数列一元一次方程求解，若设两个未知数，比如设该球员投中了 x 个两分球、y 个三分球，请同学们尝试根据题目的等量关系列方程。

【师生互动】教师引导根据找到的等量关系列方程，学生根据比赛中共得35分，得到方程 $2x+3y+10=35$；根据多投进一个三分球，少投进两个两分球，则三分球的得分与两分球的得分相同，得到方程 $3(y+1)=2(x-2)$。教师说明列两个方程求解，这种方法的解法我们留到本章后续学习中进行。

问题2：回到情境1，尝试设两个未知数列出符合条件的方程，对比两个情境中的两种解法，你更喜欢哪一种解法？

【师生互动】教师引导根据找到的等量关系列方程，学生设这个队胜了 x 场，负了 y 场，根据共8场比赛，得到方程 $x+y=8$ ；根据比赛中得到13分，得到方程 $2x+y=13$ 。

【设计意图】通过对问题1的解决让学生感受利用二元一次方程组解决实际问题的优越性，通过问题2的解决让学生感受二元一次方程组解决实际问题的可行性。通过对比多种解法得到设两个未知数列两个方程求解的优越性，引导学生认识到学习二元一次方程的必要性，激发学生探究的兴趣。同时培养学生用数学语言表达现实世界的能力，增强应用意识，提高实践能力。

问题3：上面两个情境中，我们分别得到方程 $x+y=8$ ，$2x+y=13$ 和 $2x+3y+10=35$ ，$3(y+1)=2(x-2)$ 。观察这四个方程各含有几个未知数？含有未知数的项的次数是多少？类比一元一次方程的定义，尝试给这类方程下定义。

【师生互动】教师引导学生观察每个方程的未知数的个数以及含有未知数的项的次数的共同特征，让学生类比一元一次方程的定义，尝试给二元一次方程下定义。接着让学生写出一个方程，可以是二元一次方程，也可以不是，同桌互相辨认所写方程是否是二元一次方程，并说明理由。

问题4：方程 $x+y=8$ ， $2x+y=13$ 中， x 所代表的对象相同吗？ y 呢？

【师生互动】学生通过情境1，得到 x 与 y 所代表的对象相同， x 表示胜利的场数， y 表示负了的场数。接着教师给出二元一次方程组的定义，并介绍二元一次方程组的由来，并让学生将小组成员所写方程中任选两个方程组在一起，判断该方程组是否是二元一次方程组。

问题5：二元一次方程组的历史你了解多少？分享给老师和同学们吧！

【师生互动】请学生分享自己所了解的二元一次方程组的历史。

分享一：一次方程的问题，在我国数学史上占有重要的地位。我国古代数学专著《九章算术》中，第八章的章名就叫"方程"，讲的是列二元一次方程组等一次线性方程组解决实际问题的趣题。例如，章头图中呈现的"鸡兔同笼"的问题，这是一个典型的二元一次方程组实际应用问题。

分享二：《孙子算经》中的题目展示了古代数学家如何通过列出二元一次方程组来解决实际问题。《算法统宗》是明代数学家程大位的著作，书中详细记录了许多应用问题，这些题目往往需要通过建立二元一次方程组来解决。这些著作对二元一次方程组的发展产生了深远的影响，这些著作不仅展示了中国古代数学的高度成就，也体现了古代数学家在解决实际问题时的智慧和创新。

【设计意图】通过具体问题情境，挖掘数学的本质属性，发现所列方程的共同特征，类比一元一次方程的定义给新类型的方程取名字、下定义，从而归纳出二元一次方程和二元一次方程组的概念，培养学生的抽象能力，体会方程的模型思想。利用写方程和组合方程的活动，充分发挥学生的能动性，进一步加深学生对二元一次方程和二元一次方程概念的理解，提高对"元"和"次"的认识，为后续三元一次方程（组）和一元二次方程概念的建立作铺垫。介绍二元一次方程组的由来，让学生了解我国古代数学的杰出成就，激发学生的学习兴趣，增强民族自豪感。

活动三：应用新知，体会方程思想

方程在日常生活、工农业生产、城市规划乃至国防等领域都有广泛的应用，方程是刻画现实世界数量关系的一个有效数学模型。我们可以利用二元一次方程组解决现实世界的问题。

问题6：请同学们以小组为单位，设计一个用二元一次方程组解决的问题，使得其中的未知数满足刚才小组得到的某一个二元一次方程组。

【师生互动】教师提出问题，学生以小组为单位展示。

组1：周末我们8个人去成都大熊猫繁殖研究基地，买门票花了356元。每张成人票55元，学生票27元，我们到底去了几个成人、几个学生呢？

组2：我们家3月份的天然气费和水费共60元，其中天然气费比水费多20元。你知道天然气费和水费各是多少吗？

组3：校园足球赛中，比赛规定：胜一场得3分，平一场得1分，负一场得0分。勇士队在第一轮比赛中赛了9场，只负了2场，共得17分。那么这个队胜了几场？又平了几场呢？

【设计意图】通过开放性问题激发学生的学习热情；调动他们学习的积极性再次熟悉二元一次方程组的概念；回归生活情境，进一步体会方程是刻画现实世界数量关系的有效模型，让学生感悟数学与现实世界的交流方式，有意识地运用数学语言表达现实世界。

活动四：问题再研，理解三元一次方程（组）

问题1：某球员在一场篮球比赛中共得35分，三分球得分与罚球得分之和比两分球得分多3分，若该球员多投进一个三分球，少投进两个两分球，则三分球的得分与两分球的得分相同。求该球员实际投中的三分球与两分球的个数及罚球得分（只列式不求解）。你能设三个未知数列方程解决这个问题吗？请同学们以小组为单位展开讨论。

【师生互动】教师提出问题，学生以小组展开讨论，小组展示讨论结果。

生1：设该球员投中了 x 个两分球、y 个三分球，罚球得分为 z 分。根据比赛中共得35分，得到 $2x+3y+z=35$ ；三分球得分与罚球得分之和比两分球得分多3分，得到 $3y+z=2x+3$ ；根据多投进一个三分球，少投进两个两分球，则三分球的得分与两分球的得分相同，得到 $3(y+1)=2(x-2)$ 。

生2：设该球员两分球得分为 m 分、三分球得分为 n 分，罚球得分为 p 分。根据比赛中共得35分，得到 $m+n+p=35$ ；三分球得分与罚球得分之和比两分球得分多3分，得到 $n+p=m+3$ ；根据多投进一个三分球，少投进两个两分球，则三分球的得分与两分球的得分相同，得到 $n+3=m-4$ 。

问题2：观察这四个方程 $2x+3y+z=35$ ， $3y+z=2x+3$ ， $m+n+p=35$ 和 $n+p=m+3$ ，方程各含有几个未知数？含有未知数的项的次数是多少？类比二元一次方程的定义，尝试给这类方程下定义。

【师生互动】学生类比二元一次方程的定义，尝试给这类方程下定义。接着教师给出三元一次方程组的定义，并介绍一元一次方程、二元一次方程、三元一次方程都是一次线性方程，它们都是解决实际问题的重要模型。

【设计意图】类比二元一次方程（组）概念的学习，得到三元一次方程（组）的概念，初步学会在具体的情境中能从数学的角度发现问题和解决问题的能力，增强应用意识。

活动五：课堂小结，总结收获

问题1：本节课有哪些收获？学到了哪些知识？运用了哪些数学思想方法？

教师根据学生的回答，梳理本节课所学的知识及渗透的数学思想方法。

【设计意图】通过回顾本节课所学的知识和运用的数学思想方法，发展学生的归纳总结能力，发挥学生的主体作用。

问题2：我们为什么学习二元一次方程组？你还想了解二元一次方程组哪些方面的知识呢？

【设计意图】体会二元一次方程组学习的必要性，帮助学生在章节起始课的学习中对本章初步形成一个系统的认识。

（五）教学反思及说明

（1）采用前后类比类的章节起始课设计，需关注学生的已有经验。二元一次方程组知识的生长点是一元一次方程。本课以校篮球赛为切入口，设置几个与篮球联赛相关的实际问题，激发学生学习的兴趣，引导学生回顾一元一次方程的相关知识，促进学生在类比中建构新的知识体系，探究解决问题的方法。一方面通过类比学习得到归纳得到二元一次方程（组）以及三元一次方程（组）的概念；另一方面强化学生对方程模型的研究模式的理解。

2. 结合多种学法，促进学生核心素养的发展。本课中，通过类比探究得到二元一次方程（组）以及三元一次方程（组）的概念，培养学生的抽象能力，体会方程是刻画现实世界的有效数学模型。学生通过小组合作完成写方程和组合方程的活动，加深对概念的理解，建立符号意识。通过小组合作设计一个用二元一次方程组解决的问题，学生初步学会能从数学的角度发现问题，提出问题并解决简单的实际问题，增强应用意识，提高实践能力。

（郭林　成都市成华区华青学校）

课例6　八年级下册第三章"图形的平移与旋转"单元起始课的教学案例

（一）背景分析

1. 内容的课标分析

《义务教育数学课程标准（2022 年版）》对图形的平移与旋转内容的要求如下。

（1）通过具体实例认识平移，探索它的基本性质：一个图形和它经过平移所得的图形中，两组对应点的连线平行（或在同一条直线上）且相等。

（2）认识并欣赏平移在自然界和现实生活中的应用。

（3）在直角坐标系中，能写出一个已知顶点坐标的多边形沿坐标轴方向平移后图形顶点坐标，并知道对应顶点坐标之间的关系。

（4）在直角坐标系中，探索并了解将一个多边形依次沿两个坐标轴方向平移后所得的图形与原来的图形具有平移关系，体会图形顶点坐标的变化。

（5）通过具体实例认识平面图形关于旋转中心的旋转。探索它的基本性质：一个图形和它经过旋转所得到的图形中，对应点到旋转中心距离相等，两组对应点分别与旋转中心连线所成的角相等。

（6）了解中心对称、中心对称图形的概念，探索它的基本性质：呈中心对称的两个图形中，对应点的连线经过对称中心，且被对称中心平分。

（7）认识并欣赏自然界和现实生活中的中心对称图形。

（8）运用图形的轴对称、旋转、平移进行图案设计。

（9）在研究平移与旋转的过程中，进一步发展空间观念。

2. 本单元的教学内容分析

图形的变换是"图形与几何"领域中的重要内容，图形的变换主要包括图形的轴对称、图形的平移、图形的旋转和图形的相似等。用变换的眼光看待图形，可以使图形动起来，有助于在运动变化的过程中发现图形不变的性质。因此，图形的变换是研究几何问题、发现几何结论的一种有效工具。

和轴对称一样，平移、旋转也是现实生活中广泛存在的现象，是现实世界运动变化的最简洁形式之一。它们不仅是探索图形的一些性质的必要手段，而且也是解决现实世界中的具体问题以及进行数学交流的重要工具。探索平移、旋转、中心对称的基本性质，体会坐标与平移的关系，认识并欣赏平移、旋转、中心对称在现实生活中的应用，是此阶段学习的重要内容。

为此，教科书设计了4节内容。第1节"图形的平移"，立足于学生小学阶段的学习基础和已有的生活经验，通过分析各种平移现象的共性，直观地认识平移，探索平面图形平移的基本性质，利用平移的基本特征研究简单的平移画图，在此基础上，进一步研究沿坐标轴方向平移后的图形与原图形对应点坐标之间的关系，探索依次沿两个坐标轴方向平移后所得到的图形与原来图形之间的关系。第2节"图形的旋转"，通过具体活动认识平面图形的旋转，探索平面图形旋转的基本性质，利用旋转的基本特征研究简单的旋转画图。第3节"中心对称"，认识中心对称，探索成中心对称的基本性质，利用中心对称的基本特征研究中心对称的画图，认识并欣赏自然界和现实生活中的中心对称图形。第4节"简单的图案设计"，将图形的轴对称、平移、旋转融合在图案的欣赏和设计活动之中。

应当指出的是，本章不同于变换几何中的平移、旋转变换，而是先通过观察具体的平移、旋转现象，分析、归纳并概括出平移、旋转的整体规律和基本性质，然后在平移和旋转的图案设计、欣赏、简单应用中，进一步深化对图形的三种基本变换的理解和认识。

3. 起始课的入格分析

本节采用应用情景类的形式，立足于学生的学习基础和已有的生活经验，通过分析各种平移现象的共性，直观地认识平移，探索平面图形平移的基本性质，利用平移的基本特征研究简单的平移画图。以达到能够帮助学生在章节学习的初期阶段形成一个系统的认识，从而提高学生对单元学习的系统化程度，这有利于学生在明确认知的前提下，有条不紊地进行学习。

4. 学情分析

八年级下学期的学生已经具备了一定的几何基础，能够理解图形的基本性质和变换。学生在七年级下学期已经学习了轴对称，积累了一定的图形变换的数学活动经验，本章在此基础上让学生进行观察、分析、画图、简单图案的欣赏与设计等活动，丰富学生对图形变换的认识并使他们正确理解和准确把握平移、旋转等内容，在呈现具体内容时，教科书为学生提供了大量生动有趣的现实情境。如电梯、钟表等，力求激发学生的学习兴趣，同时加强数学知识与现实生活的联系，培养学生良好的数学应用意识。

（二）教学目标

（1）本课例通过具体实例认识平面图形的平移，让学生探索它的基本性质，会进行简单的平移画图。

（2）学生认识并欣赏平移在自然界和现实生活中的应用。

（3）学生经历有关平移的观察、操作、分析及抽象、概括等过程，进一步积累数学活动经验，增强动手实践能力，发展空间观念。

（三）教学重难点

1. 教学重点

认识平面图形的平移与旋转。

2. 教学难点

引导学生建立知识联系，形成本章的知识框架，使概念理解从"孤立存在"转向"体系存在"。

（四）教学过程设计

活动一： 自主前置学习，整体感知

回顾图形的变化相关知识，画出所学知识的思维导图。通过书籍，网络收集整理平移、旋转的图片和视频；尝试梳理本章即将学习的知识框架。

活动二： 创设情景，知识激趣

如图6-17所示，生活中有很多图形变换，如图形的平移、旋转、轴对称等，你能举出与平移和旋转有关的例子吗？

图6-17 生活中的图形变换

【师生互动】学生展示收集的有关平移和旋转的实例，老师展示课前准备的平移和旋转的动画视频。

【设计意图】主题图以一幅游乐园图片为背景，配以荡起的秋千、旋转的木马和传送带的图片，意在展现生活中的平移、旋转运动，揭示本章主要内容。

活动三：引入课题，图形的平移与旋转

问题1：引导学生尝试回答上述情境中的问题，从而得出平移的概念。

（1）行李箱做了怎样的移动？它的形状和大小是否发生了改变？

（2）推动窗门或电梯做了怎样的移动？它们的形状和大小是否发生了改变？

（3）图形是怎样移动的，移动前后的图形是全等图形吗？

预设回答：（1）行李箱是由远及近移动的，形状和大小都没有发生改变；

（2）窗门是左右移动的，电梯是从下往上移动的，它们的形状和大小都没改变；

（3）沿着一定的方向移动的，移动前后形状和大小都不改变，全等图形。

问题2：利用平移的概念或通过测量和度量，探究平移的性质。

平移的定义：在平面内，将一个图形沿某个方向移动一定的距离，这样的图形运动称为平移。平移不改变图形的形状和大小。

利用生活中的平移现象，能用自己的语言描述并归纳平移的性质。

预设回答：

"平移时，图形沿着一个确定的方向移动。"

"平移的距离是固定的，无论图形的大小如何，移动的距离都是相同的。"

"平移后，图形上任意两点之间的距离保持不变。"

"平移后的图形与原图形的对应线段是平行的。"

教师根据学生们说出的平移性质，进行点评和总结。

问题3：引导学生尝试回答情境中的图形运动问题（图6-18），从而得出旋转的概念。

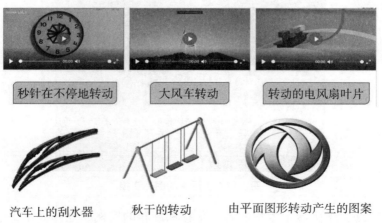

图6-18　图形运动

（1）以上情景中的转动现象，有什么共同特征？

（2）钟表的指针在转动过程中，其形状、大小、位置是否发生改变？

（3）指出图中旋转前后的对应点、对应线段及对应角。

问题4：利用旋转的概念或通过测量和度量，探究旋转的性质。

旋转的定义：在平面内，将一个图形绕一个定点按某个方向转动一个角度，这样的图形运动称为旋转（rotation），这个定点称为旋转中心，转动的角称为旋转角。旋转不改变图形的形状和大小。

利用生活中的旋转变换，能用自己的语言描述并归纳旋转的性质。

预设回答：

"旋转不会改变图形中线段的长度和角的大小。"

"旋转后的图形和原来的图形形状是一样的。"

"无论图形旋转多少度，它的大小都不会改变。"

"旋转前后，图形上任意对应两点到旋转中心的距离是相等的。"

教师根据学生们说出的旋转性质，进行点评和总结。

【设计意图】学生根据现实情境，通过观察、归纳、探究等方式对平移和旋转进行初步认识，如果学生不知道从哪些方向进行认识，也可以类比轴对称的研究路径类比学习平移和旋转，引导学生从整体图形和局部元素分别探究其性质。

活动四：合作探究，欣赏图形的平移与旋转的变化

同学们来分享图片和视频，无疑会激发同学们的学习兴趣，探索欲望。

教师也可以选择以下数学史内容与学生分享。

（1）古希腊数学家欧几里得的《几何原本》是最早的数学教科书之一，其中包含了许多关于几何图形的平移和旋转的定理和证明。

（2）古希腊数学家、物理学家阿基米德，他研究了圆和球体的几何属性，包括它们在空间中的旋转和变换。

（3）古希腊数学家阿波罗尼奥斯，他著有《圆锥曲线论》，详细研究了椭圆、抛物线和双曲线等图形的属性，这些图形可以通过平移和旋转得到。

（4）阿拉伯数学家阿尔·哈赞，他在光学领域有重要贡献，研究了光线在不同介质中的折射和反射，这涉及到图形的旋转和平移。

（5）在中国古代数学著作《九章算术》中就有关于图形面积和体积的计算，涉及了图形的平移和旋转。

活动五：学以致用，解决问题

1. 应用平移与旋转解决生活中的实际问题

（1）图6-19是一块长方形的草地，长为21 m、宽为15 m，在草地上有两条宽为1 m的小道，长方形的草地上除小道外长满青草。求长草部分的面积为多少？

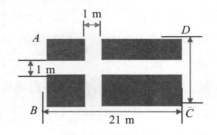

图6-19　草地示意图

（2）如图6-20所示，下列四个圆形图案中，分别以它们所在圆的圆心为旋转中心，顺时针旋转120°后能与原图形完全重合的是（　　　）。

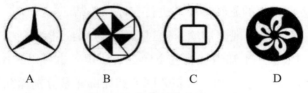

图6-20　图形图案示意图

2. 了解平移与旋转在生活中的应用

请学生结合本节课对本章知识的了解以及对教材的预习，画出本章的知识结构，开启新的一章的学习。

【设计意图】让学生对本章的内容框架、知识特点有整体认识，形成全局观念和系统思维习惯，又要让学生对后续的学习内容和学习方法了然于胸，增强学习的预见性和主动性，提高学习的效率和质量。从而达到承前启后、开山引路的作用。

活动六：提炼知识，总结再创造的收获

问题1：学完本节后你有什么收获？

教师根据学生的回答总结本章的主要知识，渗透数学思想方法。

【设计意图】平移和旋转是几何学中的基本概念，它们在数学教学中占有重要的地位。让学生能够理解平移和旋转的基本概念，包括它们的定义性质和应用。通过实际操作，掌握平移和旋转的技巧，包括在平面上绘制图形的平移和旋转。培养学生的空间想象力和几何直观，提高学生解决几何问题的能力。

问题2：你还有什么问题？

【设计意图】增强学生继续学习本章的兴趣，充分给学生展示的平台。

《义务教育数学课程标准（2022年版）》指出，注重以单元为整体的教学构想，凸显数学概念互联的逻辑脉络，激励学生全面领会数理课程内容，逐步塑造其关键能力。从单元整合的角度出发，对章起始课进行的教学设计，便是基于该教学方法的有效探索与实践。

（五）教学反思及说明

（1）采用应用情境类的大单元起始课设计，让学生了解知识的来龙去脉。作为起始课，学生了解平移与旋转的基本定义，能从定义出发研究运动中的变与不变，简单实践体验相关内容，积累一定的学习经验。

（2）在学习过程中，图形的变化是很多的，在学习的过程中不能只是静止的，让图形动起来，很值得学生通过实践操作去体验。多放手学生活动，多让学生体验感悟，更能发挥单元起始课的作用。

（刘小蓉 成都石室白马学校（南校区））

课例7 八年级下册第四章"因式分解"单元起始课的教学案例

（一）背景分析

1.内容的课标分析

《义务教育数学课程标准（2022年版）》对因式分解内容的要求是能用提公因式法、公式法（对二次式直接利用平方差或完全平方公式）进行因式分解（指数为正整数），具体包括以下内容。

（1）经历将一个多项式表示成几个整式乘积的形式的过程，体会因式分解的意义，发展运算能力。

（2）能用提公因式法、平方差公式和完全平方公式（直接利用公式不超过二次）进行因式分解。

（3）认识整式乘法与因式分解的关系，体会数学知识之间的相互联系。

（4）进一步发展观察、归纳、类比、概括等能力，发展有条理思考及语言表达能力。

2.本单元的教学内容分析

因式分解是初中数学代数板块的基础知识，它是整式的一种恒等变形，是一种重要的代数技巧。与七年级所学的整式乘法有互逆的关系，是后续学习分式运算，一元二次方程的基础，可延伸到简化运算、解高次方程、化简函数解析式、几何应用等板块。因式分解可以类比小学的因数分解进行概念教学，是培养学生类比思想的一个重要章节。可以通过几何图形进行结果验证，体会几何直观的作用；可以通过对于概念的深入理解，分析与整式乘法的互逆关系，提高学生对于知识间联系的认识，结构化地进行学习。因式分解相关概念的类比，如图6-21所示。

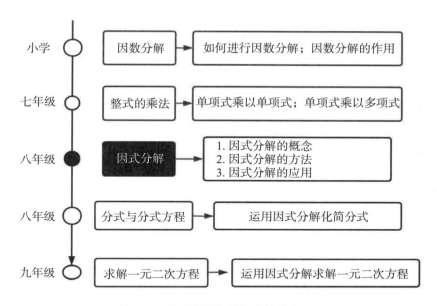

图6-21 因式分解相关概念的类比

教科书设计了三节内容。第1节"因式分解"，1课时教学，通过类比因数分解进行因式分解概念教学，感受因式分解的必要性，体会分解因式与整式乘法的互逆关系；第2节"提公因式法"，2课时教学，依据乘法分配律或者单项式乘以多项式的运算法则，类比公因数理解公因式的概念，掌握提公因式法分解因式；第3节"公式法"，2课时教学，根据多项式的形式和特点，灵活地选择恰当的公式进行分解，并会由分解因式与整式乘法的互逆关系进行逆向思考，解决问题；第4节"回顾与思考"，1课时教学，理清本章知识结构，形成知识体系，与第一课时相互呼应，回顾问题，解决问题，提升方法。

3.起始课入格分析

本节课采用前后类比类的方法进行教学。通过问题串的设计，让学生对分解因数和分解因式进行类比学习，从对旧知的复习中展开新知的学习，实现知识的迁移，形成对知识间联系的认识，如图6-22所示。

图6-22 知识迁移类比图

4.学情分析

八年级同学具备基本的代数运算能力，已经掌握小学的因数分解和七年级的整式乘法运算，用类比的思想学习因式分解，学生入手容易。由整式乘法反向寻找因式分解的方法是一种逆向思维过程，是学生思维的一个难点，教学中要注意引导学生认识两者之间的关系。对于分解因式来说，如何结合公式的结构特征，快速地找到适用的方法，并进行彻底分解也是难点，教学中要关注学生的理解和解题方法，注重发展学生观察、类比、归纳、概括的能力。

（二）教学目标

（1）通过类比因数分解学习因式分解，掌握因式分解的概念。从特殊到一般的学习方法中发展学生的数学抽象能力。

（2）体验拼图游戏的过程，体验数形结合解决问题，发展学生的几何直观。

（3）经历从整式的乘法到因式分解的恒等变形过程，理解两者互为逆运算的关系。

（4）通过问题的解决，感受因式分解的作用，并明晰本章后续小节学习目标，提高学生的学习兴趣和运算能力。

（三）教学重难点

1.教学重点

在类比教学的过程中，进行本单元知识构架理解因式分解的概念、方法和意义。

2.教学难点

在因式分解的过程中主动探究，能够发现因式分解与整式乘法的互逆关系。建立知识联系，结构化地进行起始课的学习。

（四）教学过程设计

活动一：类比学习，探索新知

问题1：15能被哪些正整数整除？说说你是怎么快速找到答案的。

问题2：$99^3 - 99$ 能被哪些正整数整除？

问题3：你能尝试把 $a^3 - a$ 化成几个整式的乘积的形式吗？

【设计意图】通过具体的例子，让学生展开类比学习。问题1，复习分解因数的方法；问题2，感受运用公式来分解因数；问题3，由特殊到一般，用字母代替数来进行探究，为给出分解因式的概念做铺垫。过程中给学生充足的时间进行观察，引导学生通过类比的方法进行思考，实现知识的自然迁移。

活动二：知识激趣，思考新知

做一做（图6-23）：观察下面拼图过程，写出相应的关系式。

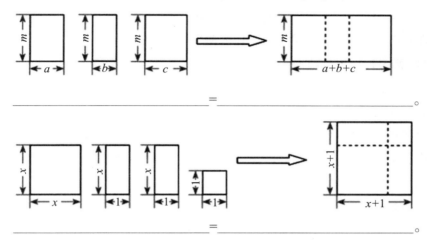

$$= \underline{\hspace{12cm}}。$$

$$= \underline{\hspace{12cm}}。$$

图6-23 拼图示意图

【设计意图】学生在七年级推导平方差和完全平方公式时涉及过拼图游戏，基于这个学习基础，再次通过拼图，感受前后图形面积不变，运用面积法形象的解释 $x^2 + 2x + 1 = (x+1)^2$ 的合理性，体会几何直观的作用，进而给出全章课题"因式分解"。

活动三：引入概念，理解新知

【引入概念】把一个多项式化成几个整式乘积的形式，这种变形叫作因式分解。因式分解也可称为分解因式。例如，$a^3 - a = a(a+1)(a-1)$，$ma + mb + mc = m(a+b+c)$，$x^2 + 2x + 1 = (x+1)^2$ 都是因式分解。

【明晰概念】下列从左到右的变形中，哪些是分解因式？哪些不是分解因式？

（1） $\dfrac{x}{x-4} + \dfrac{1}{x^2-16} - \dfrac{x-1}{x+4}$；

（2） $ab + 2ac^2 = a(b + 2c^2)$；

（3） $4x^2 - 8x - 1 = 4x(x-2) - 1$；

（4） $2ax - 2ay = 2a(x-y)$；

（5） $a^2 - 4ab + b^2 = (a - 2b)^2$；

（6） $(x+3)(x-3) = x^2 - 9$。

【深入解析】

计算下列式子：

（1） $3x(x-1) = \underline{\hspace{3cm}}$；

（2） $m(a+b+c) = \underline{\hspace{3cm}}$；

（2） $(m+4)(m-4) = \underline{\hspace{2cm}}$；

（4） $(y-3)^2 = \underline{\hspace{3cm}}$。

根据上面的算式填空：

（1）$3x^2 - 3x =$ _____ ；　　（2）$ma + mb + mc =$ _____ ；

（3）$m^2 - 16 =$ _____ ；　　（4）$y^2 - 6y + 9 =$ _____ 。

问题： 因式分解与整式的乘法有什么关系？请举例说明。

【设计意图】 1. 通过前面两个环节的铺垫，直接给出概念，概念教学需要同学们明晰概念，识别概念中的关键字词，如分解因式概念中的"多项式""整式的乘法"等；2. 通过具体的练习进一步理解概念；3. 通过具体计算练习后，提出本节课关键问题"因式分解与整式乘法有什么关系"，让学生在充分体验、感受后进行思考，进而总结 分解因式与整式乘法的互逆关系，二者不能混淆。体会因式分解是一种恒等变形，而整式乘法是一种运算。通过想一想的讨论，提高学生对知识间联系的认识，更好地理解章头图的内涵，也认识到可以通过整式的乘法运算来验证分解的结果是否正确，培养学生逆向思考的习惯。

活动四： 总结交流，形成结构

观察教材的章头图（图6-24），交流一下自己的想法。

图6-24　八年级下册第四章"因式分解"章头图

【设计意图】 利用教材的章头图，让学生感受新知和旧知之间的关联，体会类比的学习方法。作为"因式分解"单元起始课让学生明确本章学习任务，让学生体会"为什么学""怎么学"，有助于学生构建自己的学习体系。

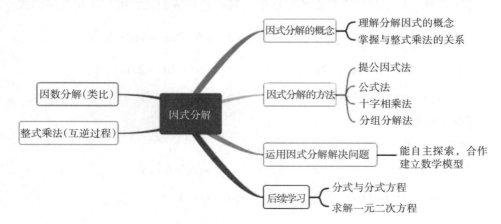

活动五：学以致用，解决问题

例1　连一连。

$9x^2 - 4y^2$ $a(a+1)^2$

$4a^2 - 8ab + 4b^2$ $-3a(a+2)$

$-3a^2 - 6a$ $4(a-b)^2$

$a^3 + 2a^2 + a$ $(3x+2y)(3x-2y)$

例2　比一比，谁算得更快。

求代数式 $IR_1 + IR_2 + IR_3$ 的值，其中 $R_1 = 24.2$，$R_2 = 36.4$，$R_3 = 39.4$，$I = 2.3$。

例3　（1）$1999^2 + 1999$ 能被1999整除吗？能被2000整除吗？

（2）$16.9 \times \dfrac{1}{8} + 15.1 \times \dfrac{1}{8}$ 能被4整除吗？

（3）$25^7 - 5^{12}$ 能被120整除吗？

例4　将图6-25中的四个图形拼成一个大长方形，再据此写出一个多项式的因式分解。

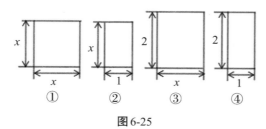

图6-25

【设计意图】例1，巩固分解因式与整式乘法的互逆关系，加强学生对于分解因式概念的理解；例2，基于对分解因式有了整体的认识以后，进一步体会分解因式有简化运算的作用；例3，感受分解因式的必要性，在解题过程中体会分解因式的方法有提公因式法和公式法，为后续学习铺垫，构建本章知识网络；例4，因式分解的应用，巩固数形结合法，培养几何直观；拓展延伸题目需要根据分解因式的定义解决含参问题，带领学生深入理解概念，运用概念建立方程。整个例题的设置基于教材，又有梯度，层层深入。

活动六：总结提炼，加深理解

【师生互动】

问题1：同学们，通过我们的学习，我们再回到章头图来说说你的收获呢？

问题2：谈谈你对因式分解的理解。

【设计意图】设计首尾呼应的课堂，加深学生对于章头图的理解，体会分解因式与整式乘法的关联。学生通过单元起始课的学习，能够对本章的学习有个整体的感受，深入学习完本章后，再完善和丰富知识框架图。

（五）教学反思及说明

本节课采用类比的教学方法进行大单元起始课设计，让学生通过复习分解因数类比学习分解因式；让学生通过观察、对比整式乘法运算与分解因式，归纳概况出整式乘法运算与因式分解互为逆过程的关系，培养逆向思考问题的习惯。类比学习是一种很好的学习方法，通过不同知识点的相似性来获取新知和理解概念的方法，可以快速建立新知与旧知的关联，是培养学生自学能力的一种很好的方法。

在教学中，起始课给学生提供丰富的问题情境，从数的运算到代数式的运算，再到几何直观拼图游戏，留有充足探索交流的时间；从对概念理解入手，提出基于本章知识结构的单元组织，来构建知识的前后贯通，明确本章后续学习重点。过程中要多关注学生的回答，提问要有针对性，让更多的学生能够自主构建知识结构。

（汤薇　成都市七中育才中学）

课例8　八年级上册第六章"平行四边形"单元起始课的教学案例

（一）背景分析

1. 内容的课标分析

《义务教育数学课程标准（2022年版）》对平行四边形内容的要求如下。

（1）用抽象的语言描述平行四边形的概念，提升抽象能力。

（2）探索并证明平行四边形的性质定理和判定定理，经历几何命题发现和证明的过程，感悟归纳推理过程和演绎推理过程的传递性，增强推理能力。

（3）引导学生经历针对图形性质、关系、变化确立几何命题的过程，体会数学命题中条件和结论的表述，感悟数学表达的准确性和严谨性。

（4）会借助图形分析问题，形成解决问题的思路，发展模型观念。

2. 本单元的教学内容分析

平行四边形是"图形的性质"中"四边形"的重要组成部分。本章内容是在学生已掌握了平行线、三角形、四边形的有关知识和结论的基础上学习的，它的研究是平行线的性质、全等三角形等知识的延续和深化，并为后续学习特殊平行四边形提供研究思路和方法，是发展学生空间观念、几何直观和推理能力的重要载体。

基于这些思考，教材的编排不只是旨在帮助学生掌握平行四边形的性质及判定以及应用于实际问题中，还在于引导学生能够通过合情推理的方式自主探索图形的有关性质及判定，从已学的几何图形研究经验中获得研究平行四边形的思路及方法，积累研究数学问题的基本思想及基本活动经验，再现图形性质及判定丰富多彩的探究过程，提高学生分析、解决问题的能力。同时，把研究平行四边形转化为全等三角形的方法，向学生渗透"转化"的数学思想，使学生在探究问题的过程中体验化归与转化、分类讨论等数学思想方法，提升学生几何直观、数学抽象、逻辑推理等数学核心素养。

为此，教科书设计了4节内容：第1节"平行四边形的性质"；第2节"平行四边形的判定"；第3节"三角形的中位线"；第4节"多边形的内角与外角和"。在每节的编写中，力求突出图形性质的探索和证明过程，采用的方法是"边探索边证明"，把合情推理与演绎推理融为一体，按照"探索—发现—猜想—证明"的模式展开，在这一过程中加深对合情推理与演绎推理各自的意义、作用的认识，如图6-26所示。

3. 起始课入格分析

平行四边形是"图形的性质"主题中"四边形"单元的重要组成部分，是三角形知识的延续和深化，也为后续学习特殊平行四边形及其他多边形奠定基础，具有承上启下的作用。本节内容主要通过回顾三角形的研究思路及研究方法，总结研究几何图形的经验，并运用几何图形的研究经验来研究平行四边形。采用学科框架类的形式能够让学生在章节学习的初期阶段对平行四边形的内容形成知识框架，对平行四边形及后期特殊平行四边形的学习有一个整体的认识，渗透研究几何问题的一般路径，有助于学生理解几何图形之间的联系，构建知识体系，掌握一般的研究方法，为后面的学习奠定认知基础。

4. 学情分析

初二的学生在小学阶段已认识过平行四边形这种几何图形，也已学过如何用直尺画平行四边形，对平行四边形有一定的认识。通过初一的学习，学生已基本掌握平行线、三角形的有关知识，进行了一些推理证明的训练，对论证几何有一定的认识。在平行四边形学习的过程中，应注重培养学生类比探究的意识，体会探究几何问题的一般路径和基本方法。鼓励学生通过观察、发现、猜想的方法发现结论，通过证明实现由合情推理到演绎推理的升华。在整个教学活动中应注重发挥学生的主动性与积极性，鼓励运用不同的方法进行证明，提高学生分析问题、解决问题的能力。

（二）教学目标

（1）本课例通过生活实例，让学生感受平行四边形的特点，理解平行四边形的定义，知道平行四边形与四边形的区别与联系，能运用概念进行判断和推理，培养学生的抽象能力。

（2）本课例通过操作、观察、猜想，让学生经历探索平行四边形有关性质的过程，掌握获得数学知识的方法，发展学生的合情推理能力。

（3）本课例通过小组讨论、交流展示，让学生经历对平行四边形对边相等、对角相等性质的证明探究过程，发展学生的演绎推理能力，体会转化的思想。

（4）本课例通过类比、探究，让学生经历研究几何问题的一般路径，了解知识之间的联系，构建知识框架，发展学生的分析、解决问题能力。

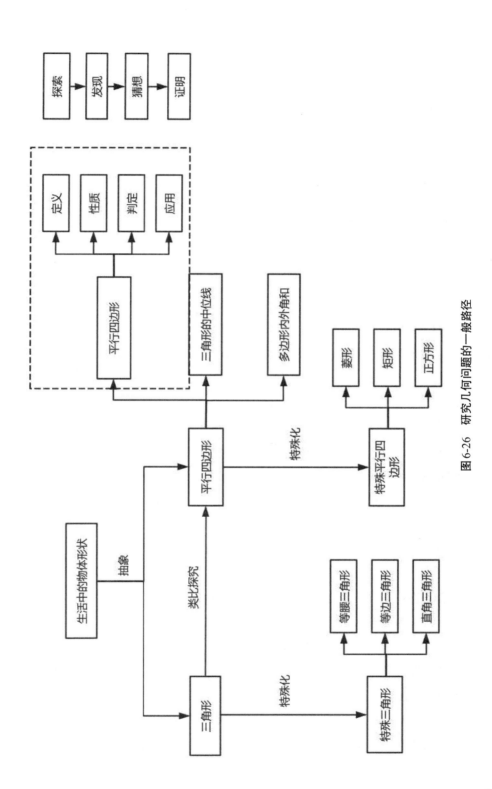

图6-26　研究几何问题的一般路径

（三）教学重难点

1. 教学重点

（1）探索发现平行四边形的中心对称性及边、角的性质。

（2）平行四边形的边、角的性质的证明。

2. 教学难点

在证明中合理运用辅助线完成转化，进一步明确几何图形性质研究的一般方法，构建章节的知识结构。

（四）教学过程设计

活动一：前置学习，构建体系

课前任务：回顾三角形的研究内容，研究方法和研究思路，梳理三角形知识思维导图。

【设计意图】通过在课前对已学三角形知识的理解与思考，对三角形部分的内容能够有一个整体的认识，初步体会几何图形的研究思路，为本节课的学习做好铺垫。

活动二：回顾总结，整体感知

问题1： 回顾在之前的学习中我们已经学习过哪些基本平面图形？

预设回答： 线（直线、射线、线段），角，三角形。

问题2： 从一条线到两条射线组成的角，再到三条线段围成的三角形，那请同学们想一想接下来我们要研究什么基本平面图形呢？

预设回答： 四边形。

问题3： 是的，在之前我们已经学过四边形的定义，有同学能够来说一说吗？

预设回答： 在同一平面内，由不在同一直线上的四条线段首位顺次连接形成的封闭图形叫作四边形。

问题4： 这一定义我们是如何得到的呢？

预设回答： 类比三角形的定义得到的。

问题5： 是的，类比是研究数学问题中非常重要的一种数学思想。四边形和三角形在定义上有这么多的相似性，那我们是否可以大胆猜想，对于四边形的研究也可以通过类比三角形的研究思路来进行。请同学们借助课前所画的三角形的思维导图回顾一下，在研究三角形的过程中，我们研究了哪些内容呢？

预设回答：等腰三角形、等边三角形直角三角形、等腰直角三角形、全等三角形。

问题6：全等三角形是研究的两个三角形之间的关系，其他三角形都是特殊的三角形，能说一说这些三角形特殊在哪里吗？

预设回答：将三角形的边和角特殊化而得到的。

问题7：对于这些特殊三角形，我们研究了他们的哪些方面呢？

预设回答：定义、性质、判定、应用。

问题8：在研究定义、性质和判定的时候，我们的研究对象是什么？

预设回答：边和角（即组成图形的基本元素之间的关系）、对称性（整体属性）。

问题9：你能以等腰三角形三线合一这一性质说明我们是如何探究的吗？

预设回答：探索、发现、猜想、证明。

问题10：在证明的过程中，我们用到了哪些工具呢？

答：两条直线的位置关系、角平分线的性质与判定、中点的性质与判定、三角形全，等等。

【师生互动】同学们展示课前的思维导图，老师通过层层递进的问题引导学生梳理三角形的研究内容、研究的一般路径以及研究方法，及研究过程中所用到的基本工具。学生在回答的过程中，可能表述不一定规范、准确。教师可逐步引导进行提炼，并在黑板上完善三角形的研究框架图。

【设计意图】通过对三角形部分研究对象、研究方法的总结和梳理，形成知识结构图，让学生体会几何图形的一般研究路径和研究思路，体会由简单图形到复杂图形的研究思路，以及复杂图形回归到简单图形（组成基本元素）探究性质、判定中体现出的转化思想。体会由一般到特殊的研究过程，为后面平行四边形的研究过程提供研究的方向和思路。

活动三：类比探究，形成定义

问题1：小学阶段我们已经认识了四边形，回顾在小学我们了解过哪些特殊的四边形？

预设回答：平行四边形、长方形（矩形）、菱形、正方形、梯形

小组活动1：请同学们4人为一小组，利用手中准备的平行四边形，通过滑动可以得出哪些图形，他们之间的有什么样的联系，建立知识框架。详见图6-28。

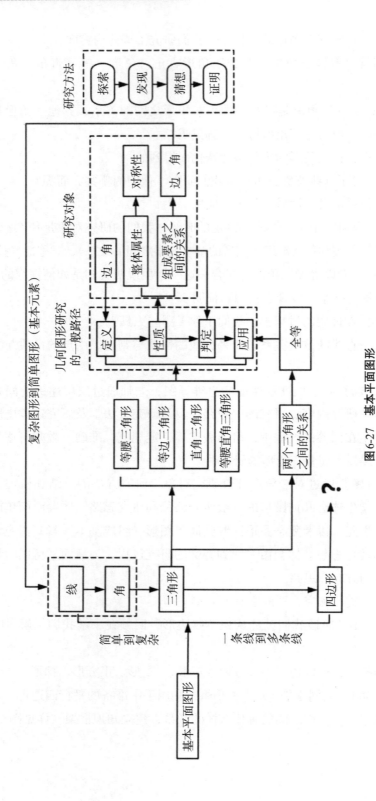

图6-27　基本平面图形

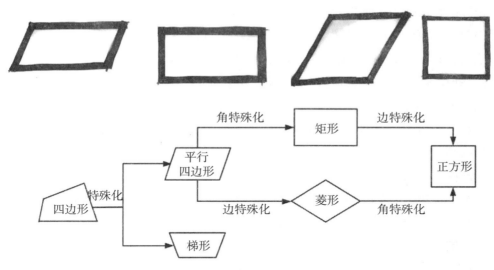

图6-28 平行四边形知识框架

问题2：观察平行四边形及梯形的特征，你能够给平行四边形下个定义吗？

预设回答：梯形是有一组对边分别平行的四边形，有两组对边分别平行的是平行四边形。

问题3：参照图6-29，说一说在实际的生活中哪些物体的形状是平行四边形。

图6-29 生活中的平行四边形

预设回答：瓷砖、伸缩门等。

问题4：为什么伸缩门要做成平行四边形？而不是三角形呢?

预设回答：三角形具备稳定性，而平行四边形具备不稳定性。

【设计意图】初步感知四边形部分需要研究的主要内容，利用思维导图构建起平行四边形、特殊平行四边形、梯形之间的关系。利用观察探究平行四边形与梯形之间的特征，得到平行四边形的定义。感受平行四边形在生活中的应用，体会平行四边形的不稳定性。

活动四：自主探究，内化方法

问题1：按照三角形的研究思路，如果我们要继续对平行四边形进行研究，除了定义我们还会学习哪些方面的内容呢？

预设回答：性质、判定、应用

问题2：参见图6-30，如果要研究平行四边形的性质，你准备从平行四边形的哪些方面展开研究？

预设回答：整体属性和基本元素（边、角、对角线）。

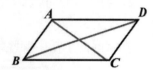

图6-30　平行四边形

对边：AB和CD；AD和BC

对角：$\angle A$和$\angle C$；$\angle B$和$\angle D$

对角线：AC和BD

小组活动2：请同学们4人为一个小组，类比三角形的研究思路、研究对象和研究方法，利用手中的平行四边形纸片，从平行四边形的整体属性和基本元素之间的关系出发，探究平行四边形的性质。

生1：根据定义，我们知道平行四边形两组对边分别平行。

生2：通过度量，发现平行四边形的两组对边相等，两组对角相等。

生3：通过将平行四边形旋转180°，发现平行四边形是中心对称图形，所以两组对边相等，两组对角相等。

生4：将平行四边形沿对角线剪开得到两个三角形完全重合。

生5：连接对角线，可以不用剪开重叠，证明两个三角形全等。

……

性质1 平行四边形对边平行且相等，如图6-31所示。

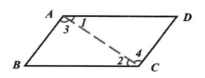

图6-31 平行四边形的性质1

性质2 平行四边形对角相等，邻角互补，如图6-32所示。

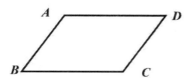

图6-32 平行四边形的性质2

【师生互动】学生小组合作并展示探究成果，教师积极肯定学生对于平行四边形性质探究过程中所呈现的不同的思考方式，并做好引导与评价，同时总结相关结论。

问题3：在探究性质的过程中，我们用到了哪些知识？

预设回答：平行线的性质、三角形全等……

问题4：这体现了什么样的数学思想？

预设回答：用转化的数学思想，将复杂图形转化为简单图形。

小组活动3：我们可以将四边形问题转化为三角形问题，是否可以由三角形得到平行四边形呢？现在有一个三角形（图6-33），如果再取一个全等的三角形，可以和它拼成平行四边形吗？你有几种方法？

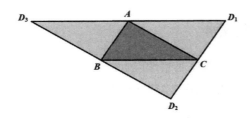

图6-33 平行四边形与三角形

问题5：这时 A、B、C 三个点分别处在 $\triangle D_1D_2D_3$ 的三边的什么位置？

预设回答：中点。

问题6：连接三角形任意两边中点的线段我们叫作中位线，三角形有几条中位线？

预设回答：3条，线段 AB、BC、AC。

【师生互动】通过小组活动中图形的拼凑，让学生感受分类讨论的思想以及三角形中位线与平行四边形的密切联系，为后续中位线进行进一步的研究做好铺垫，逐步完善知识框架图。

【设计意图】通过学生小组合作经历探究、发现、猜想、证明的过程，体会由合情推理到演绎推理的论证过程。培养学生积极思考、合作探究、综合表达的能力。让学生体会将四边形问题转化为三角形问题来解决的转化思想，培养学生严谨的治学态度及严密的逻辑思维能力。通过问题引导，提高学生的分析问题的能力。培养学生的几何说理能力。也进一步让学生在研究过程中体会几何问题研究的一般路径和研究思路。

活动五：总结提炼，构建框架

1. 知识小结

（1）本节课我们是如何探索得到平行四边形的性质的？

（2）你还希望进一步探究什么问题？

2. 形成知识框架图（图6-34）

【师生互动】教师引导学生回顾本节课探究平行四边形本章的全部过程，给予学生思维的空间，构建知识框架，形成思维导图。

【设计意图】通过回顾本节课的基础知识、基本方法、基本数学经验，再次体会从合情推理到演绎推理的过程，总结研究几何图形的一般思路和基本方法。引导学生思考后续将研究的性质、判定及特殊四边形的问题，形成知识结构图，培养学生的整体观。

（五）教学反思及说明

（1）构建整体视角下大单元起始课设计。

本课例通过类比三角形的研究方法和研究路径，明确研究目标，体会几何学习的内在逻辑，让学生形成探究几何问题的一般路径和基本方法，构建思维导图，形成知识体系，为后续的学习奠定基础。

（2注重发展学生推理能力，凸显几何学习的研究方法，促进深度学习。

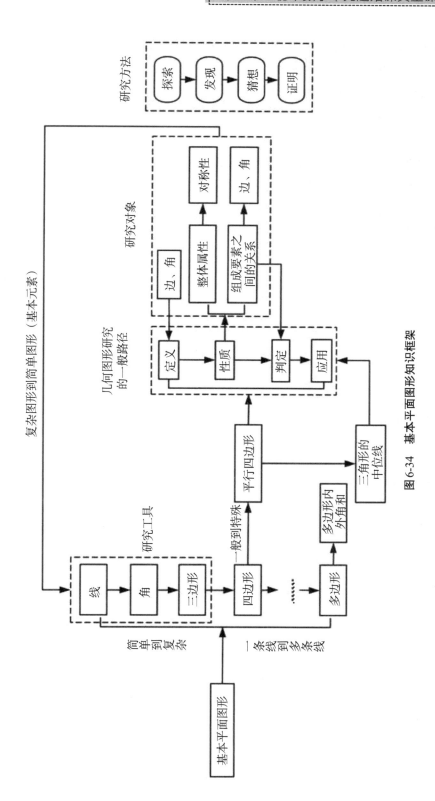

图6-34　基本平面图形知识框架

本课例通过"观察、猜想、验证、证明"的探究活动，合情推理与演绎推理两者互为交织，互相促进，促进学生推理能力的发展，凸显了几何学习的研究方法，在"真探究"过程中促进深度学习。

（3）强调数学知识的自然生长过程，重视数学活动经验的积累，渗透学科核心素养。

本节课重视数学活动经验的积累，深度经历探究全过程，通过独立探究、合作探究、深入探究等的活动方式积累了丰富的数学活动经验，突出"四基""四能"，将学科核心素养融入整个学习过程之中。学生在探究过程中，可能会出现对角线互相平分等相关的性质，教师也应该予以肯定，可根据教学时间调整到下一节课进行证明。

（梁薇　成都七中英才学校）

课例9　八年级上册第五章"二元一次方程组"
单元起始课的教学案例

（一）背景分析

1. 内容的课标分析

《义务教育数学课程标准（2022年版）》对"二元一次方程组"内容的要求如下。

（1）能根据现实情境理解方程的意义，能针对具体问题列出方程；理解方程解的意义。

（2）历经掌握消元法，能解二元一次方程组。

（3）能解简单的三元一次方程组。

（4）根据具体问题的实际意义，检验方程解的合理性。

2. 本单元的教学内容分析

北师大版初中数学教材对方程的学习设置如下：整式方程部分的学习分别是在七上第五章"一元一次方程"、八上第五章"二元一次方程组"和九上第二章"一元二次方程"。通过各章学习主线分析可以知道，"方程"内容结构基本分为3+1节：模型、求解、应用、与函数的联系。本章在学习一元一次方程的基础上，进一步研究二元一次方程组的有关概念、解法和应用等。它是一元一次方程的继续和发展，同时也为今后学习线性方程组及平面解析几何等知识奠定基础，发展学生抽象能力、运算能力、推理能力、模型观念、几何直观和应用意识。

新课标中方程及方程组的重点内容是：能根据具体问题中的数量关系列出方程，理解方程的意义，认识方程解的意义，求出方程的解，进而解决实际问题。本章依旧遵循"问题情境—建立模型—应用与拓展"的模式。首先通过丰富的问题情境，建立二元一次方程和二元一次方程组，让学生归纳出二元一次方程组的有关概念，并从中体会方程的模型思想。然后通过具体方程总结出求解二元一次方程组的两种基本方法——代入消元法和加减消元法，在方法的探寻过程中，让学生感悟、理解解二元一次方程组的"消元"思想，初步体会化未知为已知的化归思想。再通过一些问题情境，进行列二元一次方程组解决实际问题的训练。这样，在列方程组的建模过程中，强化了方程的模型思想，培养了学生列方程解决现实问题的应用意识，解方程组的运算能力的培养与实际问题的解决融为一体。

3. 起始课入格分析

本章与一元一次方程联系紧密，应关注知识的形成与应用过程。在概念上，二元一次方程和二元一次方程组概念的得出，体现了对一元一次方程概念的类比，即本质是一元一次方程在"元"的推广，体现了对整式方程"元"与"次"的含义的理解。在解法上，解二元一次方程组的基本思路是"消元"，其本质是通过"消元"将其转化为一元一次方程进行求解，体现了转化思想和化未知为已知的化归思想。在应用方面，都是在问题中分析等量关系，建立方程或方程组解决问题，强调模型思想。同时，一次函数与二元一次方程密切相关。具体来说，可以从函数图像上理解二元一次方程及二元一次方程组的解；同时，一次函数表达式的确定又要利用二元一次方程组。为此，本章的"二元一次方程与一次函数"和"用二元一次方程组确定一次函数表达式"两节揭示了两者之间的内在联系，从"形"的角度看待二元一次方程和二元一次方程组，并通过待定系数法，利用二元一次方程组确定一次函数表达式，体现"数形结合"的思想，体现方程与函数之间的联系。

基于此，"认识二元一次方程组"作为本章的起始课，采用前后类比类的形式。本节涉及的主要内容为二元一次方程组的相关概念。教材注重教学内容的整体性与一致性，内容呈现与其它方程模型的内容呈现一致，均是从现实情境问题入手，再研究数学的内部本质内容，最后回归解决外部的实际问题，体现了教学内容设置的整体性。同时渗透了转化与化归思想、类比思想、模型思想，有利于培养学生归纳概括的能力，发展学生的数学抽象核心素养。

4. 学情分析

初二的学生已经学习了一元一次方程和一次函数，初步感受了方程的模型作用，并积累了一些利用方程解决实际问题的经验。但在运用二元一次方程组解决实际问题还有待提升，需进一步发展模型观念；同时学生对函数与方程之间的联系的理解还有一定困难。

（二）教学目标

（1）本课例根据现实情境中的具体问题列出方程，发展数学抽象能力，感受模型观念。

（2）学生理解二元一次方程、二元一次方程组及其解的意义，提高对"元"和"次"的认识，逐步提高类比分析归纳概括的能力。

（3）学生整体把握二元一次方程组的研究脉络，提升自主建构知识的能力。

（三）教学重难点

1. 教学重点

学生能归纳得出二元一次方程（组）及其解的概念。

2. 教学难点

学生能自主建构二元一次方程（组）的概念，能建立知识联系，形成本章的知识框架。

（四）教学过程设计

活动一：前置学习，回顾旧知

请同学们从定义、解法、运用等多角度回顾一元一次相关知识，画出一元一次方程所学知识的思维导图，尝试梳理出方程学习的基本框架。

活动二：情境导入，提出问题

情境：学校球类比赛正在如火如荼地进行着，球场上掌声雷动，助威声此起彼伏。

问题：七年级一班的王阳在篮球比赛第一场小组比赛中共得22分，投中三分球和二分球共10个，那么他投中的三分球、二分球各几个？你能列出怎样的方程？

师生互动：教师以学生熟悉的真实情境作为引入，学生从问题情境中抽象出方程。对于情境中的问题，若有学生列一元一次方程，要给予肯定，并借此回顾一元一次方程的概念。

情境：排球比赛在预赛阶段将10个班级分为两个小组，采用单循环赛制进行比赛。每场比赛都要分出胜负，小组赛胜一场积2分，负一场积1分，每组前两名的班级进入半决赛。

问题1：七年级一班在预赛阶段4场比赛中得到7分，那么七年级一班胜负场数分别是多少？你能列出怎样的方程？

问题2：七年级一班同时进入了篮球和排球的两场半决赛。没有参赛的30位同学分两部分为两边的比赛加油助威，其中给排球比赛加油的同学比给篮球比赛加油的同学多4人，请问给两场比赛加油的同学各有多少人？你能列出怎样的方程呢？

师生互动：学生在完成三个情境中的问题后，通过对比可以发现，设两个未知数可以很直观地表示问题中的两个等量关系，相对好列方程，让学生感知设两个未知数的必要性。

【设计意图】这一真实情境为之后的探究二元一次方程（组）的概念提供丰富的素材，学生体会用方程模型的意义。2022版新课标提倡开展素养导向的数学教学活动，创设真实的教学情境，体现数学是认识、理解、表达真实世界的工具、方法和语言。选取学生熟悉的球类比赛这一真实情境符合学生的认知特点，培养学生用数学的眼光观察现实世界。在将现实问题转化为数学问题的过程中培养模型观念，让学生学会用数学的语言表达现实世界。

活动三：合作引导，探究新知

问题1：请同学们观察刚才所列方程，是我们学过的一元一次方程吗？你能说说一元一次方程的概念是什么吗？

师生互动：课前学生已经进行了关于一元一次方程的相关复习，此处可以较好的回答出一元一次方程的概念，为后面类比得出一元二次方程概念奠定基础。

问题2：请同学观察前面列出的方程，你能类比一元一次方程，从元和次数上，找到它们什么共同特征？

① $3x + 2y = 22$ ；   ② $x + y = 10$ ；   ③ $2x + y = 7$ ；

④ $x + y = 4$ ；   ⑤ $x + y = 30$ ；   ⑥ $y - x = 4$ 。

师生互动：学生观察上述问题中找出方程的共同特征。

问题3：类比一元一次方程的概念，你能给这类方程命名并归纳出这类方程的概念吗？

师生互动：学生大部分会类比一元一次方程的概念得到"含有两个未知数，未知数的次数是1的方程是二元一次方程"。有学生提出反例 $xy = 2$ ，从而引发对二元一次方程概念的激烈讨论，应鼓励并引导学生回忆整式的次数的定义，学生经过反复探究得出含未知数的项的次数是1这一准确理解，并类比一元一次方程概念，思考为什么一元一次方程不需要强调"项"的次数。学生得出二元一次方程的概念：含有两个未知数，并且含有未知数的项的次数都是1的方程，叫作二元一次方程。

巩固练习1：判断下列方程是不是二元一次方程，若不是，请说明理由。

① $2x - z = 10 - x$ ；   ② $y^2 - 3x = 1$ ；   ③ $x - \dfrac{1}{y} = 7$ ；

④ $\dfrac{x-2}{2} + \dfrac{y}{3} = 0$ ；   ⑥ $x - xy = 6$ 。

问题4：前面所列的两个方程 $3x + 2y = 22$ 和 $x + y = 10$ 中，x、y 所代表的对象相同吗？

师生互动：学生体会并理解方程组中的未知数所表示的对象是相同的，也就是同时成立，而数学中表示同时成立就是用大括号来表示，由此得到了二元一次方程组。

问题5：你能尝试归纳出二元一次方程组的概念吗？

师生互动：学生根据问题情境中抽象出来的方程组，多数学生会给出二元一次方程组的概念是：两个二元一次方程组成的一组方程就是二元一次方程组。学生这样理解是合理的，此时教师不必急于纠正，而应鼓励学生再思考开展小组讨论交流活动。学生提出问题：$\begin{cases} x+5=2 \\ y-x=5 \end{cases}$ 是二元一次方程组吗？在学生的不停讨论和碰撞中，最终形成二元一次方程组的概念：共含有两个未知数的两个一次方程所组成的一组方程，叫作二元一次方程组。

巩固练习2：判断下列方程组是不是二元一次方程组，若不是，请说明理由。

A. $\begin{cases} y+z=3 \\ 2x-y=6 \end{cases}$　　B. $\begin{cases} y^2+x=4 \\ x-y=6 \end{cases}$　　C. $\begin{cases} y=x-1 \\ x-y=3 \end{cases}$　　D. $\begin{cases} m=4 \\ n=3 \end{cases}$

问题6：你还记得一元一次方程解的概念吗？你能尝试归纳二元一次方程解的概念吗？

师生互动：类比一元一次方程解的概念，学生归纳、概括二元一次方程的解的概念：适合一个二元一次方程的一组未知数的值，叫作二元一次方程一个的解。

问题7：求出满足方程 $x+y=10$ 且符合实际情境问题的 x、y 的值有哪些？

问题8：如果抛开实际背景，方程 $x+y=10$ 又有多少个解？

师生互动：学生根据已有知识对二元一次方程求解的过程中，会发现给定一个 x 值，就会有唯一的 y 值与之对应，由于 x 的取值有无数种情况，所以二元一次方程有无数个解，进而让学生体会二元一次方程的解有无数个。

问题9：用同样的方法找到适合方程 $3x+2y=22$ 且符合实际问题的 x、y 的值有哪些？

问题10：你现在知道王阳同学投中了几个二分球和三分球吗？你是怎么知道的？

问题11：你能给出二元一次方程组解的概念吗？

师生互动：学生在分别求 $x+y=10$ 和 $3x+2y=22$ 这两个二元一次方程解的过程中，发现 $\begin{cases} x=2 \\ y=8 \end{cases}$ 同时满足两个方程，也就得到了二元一次方程组的解。在这个过程中学生体会了"公共"的含义，从而得出二元一次方程组解的概念：二元一次方程组的两个方程的公共解，叫做二元一次方程组的解。

巩固练习3：下面4组数值中，哪些是二元一次方程 $2x+y=12$ 的解。（　　）

A. $\begin{cases} x=2 \\ y=8 \end{cases}$　　B. $\begin{cases} x=6 \\ y=2 \end{cases}$　　C. $\begin{cases} x=3 \\ y=6 \end{cases}$　　D. $\begin{cases} x=4 \\ y=3 \end{cases}$

巩固练习4：下列二元一次方程组中，解为 $\begin{cases} x=1 \\ y=-1 \end{cases}$ 的是（　　）。

A. $\begin{cases} 2x+y=-1 \\ x-2y=3 \end{cases}$ 　　B. $\begin{cases} 2x+y=1 \\ x-2y=3 \end{cases}$ 　　C. $\begin{cases} 2x+y=-1 \\ x-2y=-3 \end{cases}$ 　　D. $\begin{cases} 2x+y=1 \\ x-2y=-3 \end{cases}$

【设计意图】"2022版课标"在教学建议中指出，教学中需要围绕教学目标在学生的认知起点和最近发展区设计有思维含量、有层次、有梯度的问题链，所以在合作探究环节以有层次有逻辑的问题链的串联起四个概念的探究，促进学生思维从散点状水平向结构化水平提升，促进学生的深度思考和深度学习。引导学生利用一元一次方程进行知识的迁移和类比，让学生从原有的认知出发去探究新知识，得到相关概念，发展了学生的探究意识，培养学生的类比思想。

活动四：类比迁移，统摄全章

问题12：在初中方程板块，我们会学习一元一次方程、二元一次方程组、分式方程、一元二次方程，虽然它们的知识内容不同，但研究思路都是一致的，你能类比一元一次方程这一章的研究过程，梳理出本章的学习思路吗？

师生活动：学生进行小组合作交流，梳理"二元一次方程组"这一章的学习思路，教师给予交流和指导。

【设计意图】"2022版新课标"强调，要积极探索单元整体教学，体现数学知识之间的内在逻辑关联，改变传统教学的碎片化、浅表化的现象。所以本节课类比一元一次方程的研究过程，梳理出全章的学习思路，找出方程这一板块学习过程的共同之处。实现举一反三、触类旁通，实现了从"单一课时"到"单元整体"的联通。

（五）教学反思及说明

（1）新课标中强调学习方程及方程组的重点内容是：根据实际问题中的数量关系，经过必要的抽象提炼出已知数与未知数之间的等量关系，建立方程的数学模型，求出方程的解，进而解决实际问题。采用前后类比类的大单元起始课设计，让学生整体把握此类问题的研究脉络，提升自主建构知识的能力。

（2）在学习过程中，教师要避免一讲到底，教师不生硬的把本节课的概念灌输给学生，而是让学生在真实情境中去感悟、交流、质疑，最后自己提炼精准表达概念。

（郭瑛　成都市七中育才学校（汇源校区））

课例10　九年级上册第二章"一元二次方程"单元起始课的教学案例

（一）背景分析

1. 内容的课标分析

《义务教育数学课程标准（2022年版）》对教学内容的要求如下。

（1）体验从具体情境中抽象出数学符号的过程，理解方程；掌握必要的运算（包括估算）技能；探索具体问题中的数量关系和变化规律，掌握用方程进行表述的方法。

（2）通过用方程表述数量关系的过程，体会模型的思想，建立符号意识。

（3）能根据具体问题中的数量关系列出方程，体会方程是刻画现实世界数量关系的有效模型。

（4）经历估计方程解的过程。

（5）理解配方法，能用配方法、公式法、因式分解法解数字系数的一元二次方程。

（6）会用一元二次方程根的判别式判断程是否有实根和两个实根是否相等。

（7）了解一元二次方程的根与系数的关系。

（8）能根据具体问题的实际意义，检验方程的解是否合理。

2. 本单元的教学内容分析

方程是刻画现实世界中数量关系的一个有效数学模型。在前几册中，已经学习了一元一次方程、二元一次方程组、可化为一元一次方程的分式方程等，都是线性方程。但生活中有关的方程的模型并不都是线性的，另一种方程——一元二次方程，在现实生活中具有同样广泛的应用。学习一元二次方程是进一步体会方程既是刻画现实世界数量关系的有效模型的需要，也是后续有关反比例函数、二次函数和几何问题代数化学习的必要基础。估算一元二次方程的解，能进一步培养估算意识和能力，发展数感；用配方法、公式法、因式分解法求解一元二次方程，孕育着转化等数学思想。推导求根公式和进一步发掘一元二次方程根与系数的关系，能发展演绎推理能力。基于这些思考，本单元的教学目标不只旨在帮助学生认识一元二次方程及解法以及列方程解决实际问题，还在于推动学生经历从丰富的问题情境中模型化的过程。通过这些经历，提高学生的模型意识，发展演绎推理、分析判断以及解决问题的能力。

在总体的设计思路上，按照"问题情境—建立模型—解释、应用与拓展"的模式，首先通过具体问题情境建立有关方程，并归纳出一元二次方程的有关概念，然后探索其各种解法，并在现实情境中加以应用，切实提高学生的应用意识和能力。

为此，教科书设计了6节内容：第1节"认识一元二次方程"；第2节"用配方法求解一元二次方程"；第3节"用公式法求解一元二次方程"；第4节"用因式分解法求解一元二次方程"；第5节"一元二次方程的根与系数的关系"；第6节"应用与一元二次方程"。

列方程、解方程和方程应用并非截然割裂的，应该是同一个问题解决过程中的几个步骤。为此，教师在组织教学活动或者教师在进行教学设计时注意加强它们之间的联系，力求将解方程的技能训练与实际问题的解决融为一体，在解决实际问题的过程中提高学生的解题技能。

3. 起始课入格分析

本节采用应用情景类的形式，通过创建情境，让学生厘清一元二次方程产生的必然性；以达到能够帮助学生在章节学习的初期阶段形成一个系统的认识，从而提高学生对单元学习的系统化程度，这有利于学生在明确认知的前提下，有条不紊地进行学习。

4. 学情分析

九年级的同学们已经完成了一元一次方程、二元一次方程组的学习，理解了"元"和"次"的内涵，理解一元二次方程的概念会相对轻松。初步感受了方程的模型作用，积累了利用方程解决实际问题的经验，并能解决相关的实际问题。在一元二次方程的学习过程中，主要注重培养学生从复杂问题向简单问题、特殊向一般转化的数学思维，在整个教学活动中注重发挥学生的积极性，让他们通过观察、对比、总结的过程深化理解，同时增强他们分析和解决问题的能力。

（二）教学目标

（1）学生经历从具体情境中抽象出一元二次方程的过程，体会方程是刻画现实世界数量关系的有效模型，建立符号意识。

（2）本课例通过相关历史素材的学习，让学生了解一元二次方程解法的发展历程，初步了解配方法、公式法的由来，培养学生的转化的思想方法。

（三）教学重难点

1. 教学重点

通过丰富的问题情境，学生感受一元二次方程的普遍性，感悟学习一元二次方程的必要性。

2. 教学难点

类比一元一次方程的研究路径，启发学生通过因式分解等方式将二元一次方程转化为一元一次方程，建立知识联系，形成本章的知识框架。

（四）教学过程设计

活动一：创设情景，知识激趣

问题 1：幼儿园活动教室矩形地面的长为 8 m，宽为 5 m，现准备在地面的正中间铺设一块面积为 18 m² 的地毯（图 6-35），四周未铺地毯的条形区域的宽度都相同，你能求出这个宽度吗？

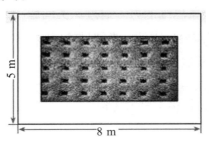

图 6-35　矩形地面示意图

【师生互动】教师引导学生找到图中的矩形地面、条形区域和地毯区域，让学生指出对应的三部分，并尝试让学生从实物图中抽象出几何图形（图 6-36）。

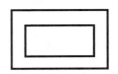

图 6-36　几何图形的抽象图

问题 2：观察等式 $10^2+11^2+12^2=13^2+14^2$。

你还能找到五个连续整数，使前三个数的平方和等于后两个数的平方和吗？

【师生互动】再找五个连续整数，使前三个数的平方和等于后两个数的平方和的问题时，部分学生有困难，并且寻找的方式也有不同，有的学生采取代入特殊值一个一个去试，有的学生直接归结为方程去解决。对于那些需要帮助的学生，教师应给予必要的指导。

问题3：如图6-37所示，一个长为10 m的梯子斜靠在墙上，梯子的顶端距地面的垂直距离为8 m。如果梯子的顶端下滑1 m，那么梯子的底端滑动多少米？

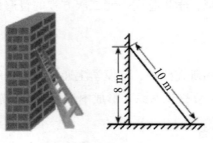

图6-37　梯子示意图

【**师生互动**】可能有学生会利用勾股定理直接计算出梯子底端滑动的距离，教师予以肯定后，还是可以启发学生用列方程的方法解决问题。

【**设计意图**】呈现三个具体的问题情境，培养学生的问题意识，增强学生分析问题的能力，提升学生的抽象思维能力。通过此类问题的解决，使学生进一步体会，在实际生活中，当我们需要确定某些未知量的值时，往往可以从实际问题中抽象出等量关系，从而借助方程这一数学模型解决问题。

活动二：引入课题，认识一元二次方程

由上面三个问题，我们可以得到三个方程：

$(8-2x)(5-2x)=18$；

$x^2+(x+1)^2+(x+2)^2=(x+3)^2+(x+4)^2$；

$(x+6)^2+7^2=10^2$。

请通过去括号、移项、合并同类项等方法，整理这三个方程，并观察它们有什么共同特点。

【**师生互动**】引导学生根据已有的方程知识和经验，将上述三个方程进行简化，并整理成一般形式，然后让学生对整理后的方程进行观察和思考，用自己的语言描述它们的共同特点，最后再组织全班学生进行交流。

【**设计意图**】通过对三个方程共性的分析，抽象出一元二次方程的概念。

活动三：类比学习，明晰一元二次方程的知识要点

我们学习一元一次方程的时候，介绍了一元一次方程之后，还学习了一元一次方程的解，以及列一元一次方程解决实际问题。类似的，学习一元二次方程，也涉

及求解方程以及实际应用，而其中关键就是解一元二次方程。那如何解一元二次方程呢？

（1）解读历史素材。

历史上，最开始数学家们尝试用图形的面积来解一元二次方程。最早出现的一元二次方程是 $x^2=A$（A 是常数），属于"已知正方形的面积，求边长"的问题，可用开平方法加以解决。

而对于一元二次方程 $x^2+bx=c$（b、c 是常数），可以理解成 $x(x+b)=c$，属于"已知长方形面积以及长和宽关系，求长和宽"，通过"割补"将长方形转化为正方形也可以解决，如图6-38所示。

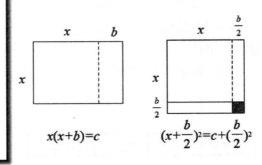

古希腊数学家欧几里得在其《几何原本》中给出了几何意义下的配方法。《几何原本》第2卷命题5相当于说：$x(x+b)+\left(\dfrac{b}{2}\right)^2=\left(x+\dfrac{b}{2}\right)^2$。欧几里得将长为 $x+b$、宽为 x 的矩形先转化为一个矩尺形，再补上一个边长为 $\dfrac{b}{2}$ 的小正方形而得到边长为 $x+\dfrac{b}{2}$ 的大正方形，从而证明了该命题。

图6-38　用图形面积解一元二次方程

我国《九章算术·勾股》中记载："今有邑方，不知大小，各中开门，出北门二十步有木，出南门十四步，折而西行一千七百七十五步，见木，问邑方几何？"相当于求解一元二次方程 $x^2+34x-71\,000=0$ 的正根。公元四世纪到公元五世纪，著名数学家赵爽在《周髀算经》中就最早推导了一元二次方程的求根公式，虽形式跟现在的公式略有不同，但意义是一样的。

公元825年，阿拉伯数学家阿尔·花喇子模在其所著的代数书中，得出一元二次方程 $ax^2+bx+c=0$ 的求根公式。

【设计意图】收集历史素材，让学生了解古人借助直观的几何图形由易到难解一元二次方程的历史进程。从内容上明确解一元二次方程将按照"$x^2=c\rightarrow(x\pm p)^2=c\rightarrow ax^2+bx+c=0$"（$a$、$b$、$c$ 和 p 均为正数）的顺序展开；从方法上理解到几何意义上的"将长方形割补成正方形"，其实就是代数意义上的"配方"。初步了解配方法，为后面学习配方法、公式法做铺垫。

（2）思考一元二次方程的其他解法。

【设计意图】鼓励学生去发现和探索新解法，激发学生探索的兴趣，也为因式分解法做铺垫。

（3）思考一元一次方程联系和区别。

【设计意图】引导学生将新知与旧知相联系，有助于学生梳理知识脉络。引导学生发现，解一元二次方程实际上是通过配方、公式、因式分解等方法，将其转化为一元一次方程的解法的过程。

活动四：学以致用，解决问题

请学生结合本节课对本章知识的了解以及对教材的预习，画出本章的知识结构，开启新的一章的学习。要让学生对本章的内容框架、知识特点有整体认识，形成全局观念和系统思维习惯，又要让学生对后续的学习内容和学习方法了然于胸，增强学习的预见性和主动性，提高学习的效率和质量。从而达到承前启后、开山引路的作用。

图6-39是一个可供参考的知识结构框图。

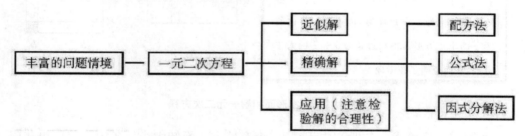

图6-39　一元一次方程知识结构图

活动五：提炼知识，总结再创造的收获

（1）学完本节后你有什么收获？

【师生互动】教师根据学生的回答总结本章的主要知识，渗透数学思想方法。

【设计意图】起始课旨在继往开来，奠基定向。通过首节课的指导，学生应对整个章节的构架和知识点有全面的了解，培养宏观的视角和系统的思考方式，同时使得学生对接下来的学习内容和策略有清晰的掌握，增进学习的前瞻性和积极性，提升学习的成效和品质。

（2）你还有什么问题？

【设计意图】增强学生继续学习本章的兴趣，充分给学生展示的平台。

《义务教育数学课程标准（2022年版）》指出，注重以单元为整体的教学构想，凸显数学概念互联的逻辑脉络，激励学生全面领会数理课程内容，逐步塑造其关键能力。从单元整合的角度出发，对章起始课进行的教学设计，便是基于该教学方法的有效探索与实践。

（五）教学反思及说明

（1）采用应用情境类的大单元起始课设计，让学生了解知识产生的必要。作为单元课起始课，学生从不同情境中抽象出方程模型，认识一元二次方程，积累一定的学习经验。

（2）学习一元二次方程的相关知识可以基于一元一次方程进行生长，如相关概念的类比，应用方程解决实际问题的步骤类比，解法的转化等。

（肖意萍　成都石室中学）

课例11 七年级下册第六章"概率初步——感受可能性"单元起始课的教学案例

"可能性"教学所研究的问题本质上是随机现象，是非确定性的，需要根据较多的数据进行推断，也就是通过特殊结果来推断一般结论，因而有助于培养学生的归纳能力和创新意识。

国际著名数理统计学家陈希孺说："统计规律的教育意义是看问题不可绝对化，习惯于从统计规律看问题的人在思想上不会偏执一端。"统计与概率的教学不是知识点的传授，也不是技能的训练，而应是一种意识、一种思想的滋润。它提供的是一种不确定的思维方式，即随机思想。渗透随机思想是我们把握"可能性"教学的核心。

（一）背景分析

1. 内容的课标分析

《义务教育数学课程标准（2022年版）》在"随机现象发生的可能性"主题的内容要求中提到：通过实例感受简单的随机现象及其结果发生的可能性。生活中有些事情的发生是不确定的，在不确定事件中可能发生不同结果，它们的可能性是有大小的；学生结合具体实例认识可能性及其大小，从整体上感受有关简单随机事件发生的可能性，做出定性描述。

《义务教育数学课程标准（2022年版）》对概率内容的要求如下。

（1）初步理解通过数据认识现实世界的意义，感知大数据时代的特征，发展数据观念和模型观念。

（2）引导学生通过大量重复试验，在这样的过程中，引导学生会从统计与概率的角度认识、理解和表达现实世界中大量存在的随机现象。

（3）尝试用概率定量描述随机现象发生的可能性大小，理解概率的意义。

2. 本单元的教学内容分析

感受可能性这一概念的教学，是在学生已经对不确定事件有了一定体验和认识的基础上进行的，它使学生进一步体会到事件发生的可能性的含义，并知道可能性是有大小的。同时，通过教学，学生还能够学会用分数表示一些简单事件发生的可能性大小，从而更深入地理解概率的意义和计算事件发生的概率。

为此，教科书设计了3节内容：第1节"感受可能性"，感受数学和实际生活的联系；第2节"频率的稳定性"，为接下来学习等可能事件概率起承上启下的作用；第3节"等可能事件的概率"，要求设计符合要求的简单概率模型，发展模型意识和模型观念。并巧妙构建了众多探求和验证的问题串，采取了一种逐渐深入、构建模型的教学手法。让学生感悟从各种探索策略与概率之间的关联"提出问题—猜测—思考交流—抽象概括—解决问题"的关联，同时强化学生的逻辑推理能力，并提升他们分析及解决难题的能力。

3. 起始课入格分析

基于本节课内容的特点和七年级学生的心理特征，本节课教学选择"创设情境教学法"。以神话创设生动有趣的问题情境，激发学生兴趣，营造自主探索与合作交流的氛围；通过怎样放球才能消除争执引发学生思考；实践摸球游戏感受事件发生的随机性和不确定性；以达到能够帮助学生在章节学习的初期阶段形成一个系统的认识，从而提高学生对单元学习的系统化程度。这有利于学生在明确认知的前提下，有条不紊地进行学习。

4. 学情分析

学生在小学已经会求简单事件发生的可能性大小，同时也积累了一定的研究随机现象的活动经验，对简单事件发生的可能性能够做出预测，并阐述自己的理由。但学生对概率的思维方式与确定性思维的差异还缺少认识，这将为本单元的学习带来一定的挑战。学生通过数据收集和处理，从而获得从事统计活动所必需的一些数学活动的经验，为本章接下来学习频率和等可能事件概率打下良好的基础。

（二）教学目标

通过现实情境的创设，学生感知自然界与人类社会中存在大量的随机现象。学生参与实践活动，体验实际生活中事件发生的可能性的含义，经历比较事件发生可能性大小的过程，能够初步了解概率的意义。

本课例培养学生从不确定的角度观察世界的能力，让学生感悟从不确定性的角度认识客观世界的思维模式和解决问题的方法，初步形成通过数据认识事物的思维品质，培养学生数据观念、模型观念，并培养抽象能力等。

（三）教学重难点

1. 教学重点

通过对生活中各种事件发生的可能性大小的判断，归纳出必然事件、不可能事件和随机事件的特点，并根据这些特点对有关事件做出准确的判断。

2. 教学难点

通过活动让学生充分体验随机事件发生的确定性和不确定性，树立一定的随机观念。通过游戏，感受随机事件发生的可能性有大有小，体会可能性的大小并不能提供确切无误的结论。引导学生建立知识联系，形成本章的知识框架，使概念理解从"孤立存在"转向"体系存在"。

（四）教学过程设计

活动一：自主前置学习，整体感知

学生课前整理列举出实际生活中的三个随机事件，并利用生活经验判断三个事件发生的可能性大小，为决策提供依据。教师结合生活经验，帮助学生感受确定性事件与不确定性事件，渗透随机思想。学生在分享交流中体会数学与生活的紧密联系，初步尝试总结随机事件的特点。

活动二：创设情景，知识激趣

情境：有一天，悟空看见猪八戒又在偷懒睡觉，于是心想：我一定要整治一下这呆子。悟空就把八戒叫醒了，说："八戒，我这里有一个袋子，如果你能从里面摸出一个黄球，就去给师父打水。如果是白球，就可以继续睡觉。"八戒转头一想，这死猴子肯定会动手脚，于是自己也变出了一个装满球的袋子。无奈，悟空火眼金睛，一眼就看出来，袋子不对劲。他俩就打起来了，吵着闹着要唐僧来评评理，唐僧看完袋子里的情形，默默转身另准备了一个袋子……

【师生互动】老师请一位学生读完该故事，并展开提问：为什么悟空和八戒会打架？唐僧准备的袋子里应该如何放球？

【设计意图】以古典名著《西游记》创立故事情境，创设悟空与八戒各怀心思都想通过摸动了手脚的球来达到自己目的而发生争执；引发学生思考，师父袋子里会放什么球呢？为什么要这样放？

活动三：引入课题，感受可能性

1. 摸球游戏

这里有三个袋子，但是由于其外观一致，一不小心搞混了，分不清谁是谁的。

每个袋子里面有10个乒乓球，它们的大小、质地均相同，颜色分别为黄色和白色。请三列同学（左、中、右侧）代替八戒到相应的袋子里摸球，每一个同学可以摸一次。

要求：摸出球先向同学展示结果，再放回盒子。

提问1：猜想袋子分别是谁的，袋子里的球是什么情况？请说出你的理由。现场请一位同学揭晓答案。

【师生互动】学生各抒己见，自由交流，目的在于激发学生探索，提高进一步学习的兴趣。

若从唐僧的袋子里全摸出黄球、白球，可以让另一列同学继续摸。

生：第一个袋子八戒的，袋子里的球都是白球，因为摸出的球都是白球，所以袋子里全是白球。

师：同学们都同意他的说法吗？（此处学生容易犯错，若有人犯错，要及时纠错，并且鼓励其他同学来解答疑惑，体会随机性）

【设计意图】本环节通过在全是黄球、全是白球、有黄有白的三个袋子里摸出白球、黄球的情况，让学生在探究中发现这三类事件的特点，得出必然事件、不可能事件、随机事件的概念，并要求学生用自己的语言将其描述出来。在此过程中，应注重培养学生动手试验、分析归纳的能力。

活动二：事件分类

在一定条件下进行重复试验时，有些事情我们事先能肯定它一定会发生，这些事情称为必然事件。

提问1：为什么要说在一定条件下？（提示：在全是黄球、全是白球……）

在一定条件下进行重复试验时，有些事情我们事先能肯定它一定不会发生，这些事情称为不可能事件；必然事件与不可能事件统称为确定事件；在一定条件下进行重复试验，有些事情我们事先无法肯定它会不会发生，这些事情称为随机事件。

概念辨析：指出下列事件中的必然事件、不可能事件和随机事件，并说明理由。

（1）两直线平行，内错角相等。

（2）将油滴入水中，油会浮在水面上。

（3）任意买一张电影票，座位号是2的倍数比座位号是5的倍数可能性大。

（4）任意投掷一枚均匀的骰子，掷出的点数是奇数。

（5）13个人中，至少有2个人出生的月份相同。

（6）在国内彩市中，中双色球的头奖的概率为 1/17 720 000，但老师买彩票会中头奖。

（7）在装有 3 个球的布袋里摸出 4 个球。

（8）抛出的篮球会下落。

（9）打开电视机，它正在播放动画。

提问 2：在提问 1 中，哪些是确定事件，哪些是不确定事件？

【设计意图】让学生对模糊的问题进行辨析，加深认识。提问 1 的 第（6）小题意在让学生明白，只要可能性存在，哪怕可能性很小，我们也不能认定它为不可能事件；同样，尽管某些事件发生的可能性很大，也不能等同于必然事件。检验学生是否能够区分确定事件和随机事件。

活动三：学科融合

指出下列成语中刻画的必然事件、不可能事件和随机事件。

（1）万无一失；（2）胜败乃兵家常事；（3）水中捞月；（4）十拿九稳；（5）海枯石烂；（6）守株待兔；（7）百战百胜；（8）九死一生。

你还能举出类似的成语吗？

【设计意图】

学生根据对本节课的可能性的感知，完成上述对成语中事件的分类，融合语文成语知识，对事件进行数学角度下的定性判断。

活动四 比一比，游戏活动中体验可能性

接力比赛：游戏看谁说得多。

（1）组长决定接力顺序，并画"正"字记录每组的题数；

（2）掷骰子决定一名同学并记时，必须在 10 s 内说出一个事件：① 可以是确定事件（并说明是必然事件还是不可事件）；② 也可以是不确定事件。同桌迅速判断事件的类型，判断正确即可得 1 分。

（3）以得分最多的小组为胜，事件必须贴近生活。

【设计意图】

（1）随机事件在举例与判断的过程中，进一步理解必然事件、不可能事件、随机事件的概念。

（2）及时纠错，提高学生数学语言表达的精确度；反复回扣概念，加深理解。

（3）集体游戏中，发展学生的合作交流能力和数学表达能力，激发学生的学习兴趣。

（4）进一步引导学生在现实情境中感受简单的随机现象，体会数学与生活的紧密联系。

活动五：合作探究，记录可能性的数据

掷骰子游戏

环节1：用质地均匀的骰子和同桌做游戏，游戏规则如下：

（1）每个人掷骰子次数不限，可以只掷一次，也可以连续地掷几次；

（2）当掷出的点数总和不超过10（≤10）时，点数和即为学生得分；

（3）当掷出的点数总和超过10（＞10）时，得分为0；

（4）比较两人的得分，谁的得分高谁就获胜。并将最终结果填入表格。

环节2：选择一位同学，与教师进行一轮游戏（边游戏边解说），在投影仪上进行展示，并填写表6-3。

表6-3　游戏记录表

次数	姓名	第一次点数	第二次点数	第三次点数	第四次点数	……	得　分
第一次游戏	甲						
	乙						
第二次游戏	甲						
	乙						
第三次游戏	甲						
	乙						
第四次游戏	甲						
	乙						

师：观察学生的试验结果，选择两组具有代表性的展示。

（1）分析数据，同时可以采访学生A为什么停止掷了，为什么选择继续掷？

（2）有没有哪位同学全胜的，能不能给我们总结一下经验？

（3）在做游戏的过程中，如果前面掷出的点数和是4，接下来是继续投掷还是

停止呢？ 如果掷出的点数和已经是5呢？如果掷出的点数和已经是9呢？（追问：如果你的队友已经是10，掷不掷？）如果掷出的点数和已经是10呢？

【设计意图】经历猜测、试验、收集试验数据、分析试验结果等活动过程，感受随机事件发生的可能性有大有小；并能根据随机事件发生可能性大小的定性分析，做出适当的决策；认识到概率的思维方式与确定性思维的差异，发展随机观念。通过生生互动再到师生互动，拉近学生与教师的距离，激发了学生进一步探索的兴趣。

活动六：学以致用，解决问题

请学生结合本节课对本章知识的了解，说说如何用概率刻画事件可能性的大小，并思考如何计算简单事件的概率，画出本章的知识结构，让学生对本章的内容框架、知识特点有整体认识，形成全局观念和系统思维习惯，提高学习的效率和质量。从而达到承前启后、开山引路的作用。

活动七：提炼知识，总结再创造的收获

【小结提问】学完本节后你有什么收获？

【设计意图】起始课旨在继往开来，奠基定向。通过首节课的指导，学生通过活动，深刻感受到事件发生可能性的大小，并在游戏中自然地理解用概率定量描述可能性，对整个章节的构架和知识点有全面的了解，使得学生对接下来的学习内容和学习方法有清晰的掌握，增进学习的积极性，提升学习的效率。

【留下思考】事件发生的可能性可大可小，你有什么方法可以描述事件发生可能性的大小呢？

【设计意图】增强学生继续学习本章的兴趣，充分给学生展示的平台。

（五）教学反思及说明

采用活动情境类的大单元始课设计，引导学生感悟随机事件，理解概率是对随机事件发生可能性大小的度量；引导学生认识一些简单的随机事件，其所有可能发生结果的个数是有限的，每个可能结果发生的概率是相等的。作为起始课，学生了解简单随机事件发生可能性的大小不同，在此基础上了解简单随机概率的计算方法，感悟用频率估计概率道理，为统计与概率的学习积累一定的学习经验。

（刘伟　成都石室白马学校（南校区））

课例12 九年级上册第六章"反比例"
单元起始课的教学案例

（一）背景分析

1. 内容的课标分析

《义务教育数学课程标准（2022年版）》对勾股定理内容的要求如下。

（1）探索简单实例中的数量关系和变化规律，了解常量、变量的意义。

（2）结合实例，了解函数的概念和三种表示法，能举出函数的实例。

（3）能结合图像对简单实际问题中的函数关系进行分析。

（4）能确定简单实际问题中函数自变量的取值范围，并会求出函数值。

（5）能用适当的函数表示法刻画简单实际问题中变量之间的关系。

（6）结合对函数关系的分析，能对变量的变化情况进行初步讨论。

（7）结合具体情境体会反比例函数的意义，能根据已知条件确定反比例函数的表达式。

（8）能用反比例函数解决简单实际问题。

2. 本单元的教学内容分析

本章通过对具体情境的分析，概括出反比例函数的表达形式，明确反比例函数的概念，通过例题和学生列举的实例可以丰富对反比例函数的认识，理解反比例函数的意义结合实例经历列表、描点、连线等活动，理解函数的三种表示方法，逐步明确研究函数的一般要求，反比例函数的图像具体展现了反比例函数的整体直观形象，为学生探索反比例函数的性质提供了思维活动的空间，通过对反比例函数（$k>0$ 和 $k<0$）图像的全面观察和比较，发现反比例函数自身的规律，结合语言表述，在相互交流中发展从图像中获取信息的能力，同时可以使学生更牢固地掌握由他们自己发现的反比例函数的主要性质。

本章教科书设计了3节内容：第1节"反比例函数"；第2节"反比例函数的图像与性质"，探索反比例函数的图像与性质；第3节"反比例函数的应用"，加深对反函数的认识，并突出知识之间的联系。在每节的编写中，仍然遵循本套教科书的编写风格，按照"问题情境—建立模型—解释、应用与拓展"的模式展开。

在本章各小节的编排方面，直观、操作、观察、概括和交流仍是重要的活动方式。通过这些活动，对函数的三种表示方法进行整合，逐步形成对函数概念的整体性认识；逐步提高从函数图像中获取信息的能力，提高几何直观水平；逐步形成用函数观点处理问题的意识，进一步感悟数形结合的思想。反比例函数的应用，包括在实际中的应用和在数学内部的应用活动中，用函数观点来处理问题或对问题的解决用函数做出某种解释，加了深对函数的认识，并突出知识之间的内在联系。

3. 起始课入格分析

本节采取应用情境类结构设计，主要从应用情境问题的设置，让学生初步了解反比例函数要研究的主要内容，构建反比例函数的研究方法和思路；在活动过程中提高学生的观察、分析能力和几何直观水平，使学生从整体上领会研究函数的一般要求；体现本章最终目的是在解决实际问题时，体会知识之间的联系以及反比例函数的综合应用。

4. 学情分析

函数是在探索具体问题中数量关系和变化规律的基础上抽象出来的数学概念，是研究现实世界变化规律的重要内容及数学模型，九年级的学生是在七年级下册"变量之间的关系"和八年级上册"一次函数"已学内容的基础上，对函数已经有了初步的认识，在此基础上讨论反比例函数及其性质，可以进一步领悟函数的概念并积累研究函数性质的方法及用函数观点处理实际问题的经验，这对后继学习（如二次函数等）会产生积极影响。

（二）教学目标

（1）本课例通过从具体问题情境抽象出反比例函数概念，让学生体验反比例函数图像与性质探索的过程，能够再次熟悉研究函数图像的一般方法，感受反比例函数图像变化情况；

（2）学生了解反比例函数图像和表达式之间的联系，体会数形结合思想和分类讨论思想，提高函数的应用意识。

（三）教学重难点

1. 教学重点
本课例以具体问题情境抽象出反比例函数概念。

2. 教学难点
引导学生探索反比例函数性质的主要过程，形成本章学习的主要方向，促使学生从函数视角处理问题的意识形成，体验数形结合的数学思想方法。

（四）教学过程设计

活动一：自主前置学习，整体感知

回顾七年级下册"变量之间的关系"和八年级上册"一次函数"相关知识，画出函数所学知识的思维导图。通过书籍，网络收集整理关于反比例函数的概念、图像与性质以及在生活实际中的应用，尝试梳理本章即将学习的知识框架。

活动二：创设情境，引入课题

情境：设置长方形周长问题

问题1：设围成长方形的长为 x cm，宽为 y cm，其中宽为长的一半，则 y 是 x 的函数吗？

问题2：设围成长方形的长为 x cm，宽为 y cm，当面积为 6 cm 时，y 是 x 的函数吗？

【师生互动】 课堂采用小组合作，学生通过画出长方形并表示出长、宽的关系得出已学一次函数（正比例函数）的关系，再由长、宽思考与面积之间的关系。

教学预设：学生回答出问题1中，y 是 x 的一次函数（正比例函数）；问题2中，y 是 x 的函数，教师追问学生能否求出 y 关于 x 的函数解析式，学生很快写出 $y = \dfrac{6}{x}$，并从函数的概念复习函数的概念及函数本质。随后，教师追问学生如何给函数 $y = \dfrac{6}{x}$ 取个名称，顺势引出本课的研究课题，再对反比例函数给出一个描述性定义，为了便于学生表述规范，在学生活动中设计了"留白"式填空，定义形如＿＿＿＿＿的函数，叫作反比例函数。

【设计意图】 学生前面学过一次函数的概念、图像与性质，继续学习反比例函数时，容易找到知识的生长点和研究方法的生长点，通过围长方形问题可以复习一次函数的概念，将围长方形问题稍作改编就可以引出反比例函数的概念，进一步启发学生自主研究反比例函数的图像与性质。

活动三：问题解决，寻找反比例函数的图像变化情况

问题：同学们在之前学习函数时积累了不少经验，你们觉得接下来如何研究反比例函数呢？接下来从哪个具体的反比例函数开始呢？比如怎样研究 $y = \dfrac{1}{x}$ 的图像与性质呢？（列表、描点、画图）

【师生互动】 引导让学生不急着列表描点、连线，而是慢下来、停下来，指出：我们现在研究函数图像的经验更丰富了，下面我们不急着列表（取数对），而

先来观察函数解析式。引导学生先观察、猜测反比例函数图像的性质。学生不动笔，只是独立观察、思考、想象，1 min后安排在小组内交流各自的发现，然后全班汇报交流。

接下来让学生就选择一些恰当的数对列表，注意在列表后，仍然不急着到坐标系中描点、连线，还是观察表格中数对的特点，对比刚才大家的关于函数图像与性质的发现或猜想，看看是否能得到进一步的确认或更加丰富。学生分组取数对、列表，教师巡视，并安排其中一名学生到黑板上列表分析，然后全班交流。教师在所列表格上进行标注，如图6-40所示。

x	⋯	−3	−2	−1	1	2	3	⋯
$y = \dfrac{1}{x}$	⋯	$-\dfrac{1}{3}$	$-\dfrac{1}{2}$	−1	1	2	3	⋯

图6-40　数对分析图

在标注后，学生对照表格描述函数的增减性归纳、概括反比例函数的图像与性质有了哪些内容，教师引导学生对图像与性质进行进一步提炼、整理。最后，学生把表格中的有序数对逐一对应到坐标系中，描点、连线，生成函数图像后再由学生描述该函数图像的特点。

【设计意图】从特例走向一般，完善归纳：学生从k=1这个特例出发，探究了反比例函数的图像及其性质，延续思考当k=2，6，⋯时，前面探究得出的反比例函数的图像和性质是否仍然成立。

活动四：梳理小结，完善"结构化"的板书

【师生互动】学生分组研究、归纳出如下性质，教师板书如下。

当k>0时，图像为双曲线，分布在第一、三象限。此时，若x>0，y随x的增大而减小；若x<0，y随x的增大而减小。

当k<0时，函数图像仍然为双曲线，分布在第二、四象限。此时，若x>0，y随x的增大而增大；若x<0，y随x的增大而增大。

教师在学生回答的基础上，将答案填补到黑板上，与学生共同归纳小结，梳理完善并形成板书。

【设计意图】给足时间让学生通过从函数表达式、数对的观察、图像的特征，尝试思考反比例函数的性质。

活动五：学以致用，解决问题

【师生互动】以活动一中问题2为基础，改编问题：已知y是x的反比例函数，

当 $x=2$ 时，$y=3$。

（1）求 y 与 x 的函数解析式；

（2）该函数图像在第_____象限；

（3）若点 A（x_1，y_1）和 B（x_2，y_2）在该函数图像的一支上当 $x_1<x_2<0$ 时，你能判断 y_1、y_2 的大小吗？

【设计意图】以活动一中问题2的变式题为基础，训练本课内容。同时渗透中学数学里常用的数学思想方法，包括待定系数法、数形结合法、方程思想等等，这些方法相互渗透、相互融合，构成了函数应用的广泛性、解法的多样性和思维的创造性。

活动六：交流探讨，收获小结

（1）学完本节后你有什么收获？

教师根据学生的回答总结本章反比例函数学习的主要内容和思想方法。

【设计意图】在反比例函数起始课就从学生研究经验出发，从一个简单的生活情境引出反比例函数的定义，再由简单出发，研究图像和性质。整节课自然而成，新知自然而然地生成并渐次推进、很好地诠释了"自学·议论·引导"提出的"学程重生成"的操作要义。

（2）你还有什么问题？

【设计意图】增强学生继续学习本章的兴趣，充分给学生展示的平台。

《义务教育数学课程标准（2022年版）》指出，注重以单元为整体的教学构想，凸显数学概念互联的逻辑脉络，激励学生全面领会数理课程内容，逐步塑造其关键能力。从单元整合的角度出发，对章起始课进行的教学设计，便是基于该教学方法的有效探索与实践。

（五）教学反思及说明

（1）本课采用应用情境类的大单元起始课设计，在反比例函数起始课从学生研究经验出发，从一个简单"围长方形"的问题引出反比例函数的定义，再由简单出发，研究图像和性质.整节课自然而成，新知自然而然地生成并渐次推进、很好地诠释了"自学·议论·引导"提出的"学程重生成"的操作要义。

（2）画反比例函数的图像之前可让学生在"两处停留"，停留观察函数解析式、停留观察表格中数对的特点。关于函数图像的教学，不少教师片面强调"列表、描点、连线"的操作步骤，然而在面对特殊形式的函数图像（如一次函数、二次函数及反比例函数）的探究时，不能只是机械地执行"列表、描点、连线"三步骤，而要引导学生在两处停留。第一处是面对解析式时要停下来，组织学生认真观察解析式作为一种式子的特点，对反比例函数来说，解析式是一个简单的分式，根据分式的意义可以得到自变量的取值、函数的值域等信息，有些学生对数、形对应认识深刻的话，还能想象、发现更多函数图像的特点（如函数图像与坐标轴没有交点，图像会不断接近坐标轴，但永远不会"触碰"到坐标轴等）；第二处是列表后，观察表格中的一些数对，要注意引导学生停下来，观察、分析表格中自变量的增减性对应着函数值的增减性，形成猜想后，再描点、连线生成图像，确认之前关于解析式和表格的观察发现，这样就从只教方法或操作步骤的教学走向了教给学生智慧的教学。

（3）精心预设、渐次生成、调整优化得到"结构式板书"像反比例函数起始课教学这样的课型，由于没有具体的例、习题驱动，而且新知生成往往由学生发现，这时教师需要即时"捕捉有效信息"，书写到黑板上相应位置，而且随着课程进程的推进，还需要不断调整、优化，得到课前预设好的"结构式板书"。比如，在板书示意图中左侧主板区，最初的 $k>0$，就是学生提出的" $k=1$ "或" $k=2$ "等特殊值，"从特殊走向一般"后，才将原来所写的特殊 k 的赋值擦除，调整为 $k>0$。这些渐次生成、不断调整和优化的结构式板书，都需要教师在课前精心设计、苦心经营。

（黄兴平　彭州市教育研究培训中心）

课例13 九年级下册第一章"直角三角形的边角关系"单元起始课的教学案例

(一) 背景分析

1. 内容的课标分析

《义务教育数学课程标准(2022年版)》对"直角三角形的边角关系"的要求如下。

(1) 利用相似的直角三角形,探索并认识锐角三角函数($\sin A$、$\cos A$、$\tan A$),知道30°、45°、60°角的三角函数。

(2) 会使用计算器由已知锐角求它的三角函数,由已知三角函数值求它的对应锐角。

(3) 能用锐角三角函数解直角三角形,能用相关知识解决一些简单的实际问题。

2. 本单元的教学内容分析

锐角三角函数在解决现实问题中有着重要的作用。在测量、建筑、工程技术和物理学中,距离、高度、角度的计算问题往往都归结于直角三角形中边和角的关系问题。因此,三角函数在实际中的运用也始终贯穿于本章知识的学习之中。

直角三角形总共有六个元素(三个内角、三条边)。八年级"三角形的证明"一章分别总结了直角三角形角度关系、三边关系。本章作为承接内容,进一步研究直角三角形各个元素之间的关系——边和角的关系。直角三角形中边角之间关系的学习,为高中一般性地学习三角函数的知识、解三角形及进一步学习其他数学知识奠定基础。同时,在本章的学习中,学生将几何图形元素之间的关系用数量的形式表示出来,进一步感受数形结合的思想,体会数形结合的方法。

基于上述分析,教科书设计了6节内容。正切是实际生活中用得最多的三角函数的概念。因此,本章第1节第1课时从实际情境"梯子的倾斜程度"出发,借助相似三角形相关知识,引出第一个三角函数——正切,第2课时类比正切的概念,得到正弦、余弦的概念。在了解了三个三角函数后,本章第2节从学生熟悉的三角尺出发,引入特殊角(30°、45°、60°)的三角函数值。紧接着,教科书在第3节介绍了借助计算器由锐角求三角函数值，以及由三角函数值，求锐角的方法。第4节以勾股定理和锐角三角函数为工具，分两类研究了直角三角形的解法。为了体现三角函数的实际应用性，教科书第5节和第6节在回归应用，利用丰富的实际情境，展示三角函数的实际应用性。同时，除这两节以外，很多实际应用问题穿插于各节内容之中。

3. 起始课入格分析

本节采用应用情境类的形式。本节起始课先通过大量实际应用情境，让学生在章节初期阶段感受学习三角函数知识的必要性，初步认识本章知识——探究直角三角形边与角之间的关系并应用其解决实际问题。在明确认知整章知识的前提下，尝试从实际情境中了解正切的概念和意义，并回归实际简单应用正切三角函数，为本章后续正弦余弦的学习提供一个情境学习模式：从应用情境中引出知识—在应用情境中探究知识—知识回归应用情境解决问题。

4. 学情分析

从知识层面，学生刚结束相似三角形等相关知识的学习，已具备理性获得正切概念的知识储备；从能力层面，九年级的学生具备一定类比学习能力和数形结合意识，初步能从具体事例发现归纳数学问题。然而，该章内容既综合了直角三角形的所有性质，又渗透了数形结合的思想方法，因此知识和方法的综合性运用对学生来说有一定的难度。同时，该部分知识重点落在实际问题的研究中，强化了把实际转化为数学问题，形成建模的意识，而初中阶段的学生对实际问题的分析能力较弱。因此，本章重在渗透数学思想方法，促进学生思维水平的提高以及解决实际问题的能力。

（二）教学目标

（1）通过在具体现实情境中从几何的角度发现问题和提出问题，感受探究直角三角形边与角关系的必要性，经历用几何直观和逻辑推理分析问题和解决问题的过程，培养应用意识，提升几何直观。

（2）通过在情境中分析"直角边的比值"与"锐角"之间的对应关系，经历探索直角三角形中边角关系的过程，理解正切的意义，体验将几何图形元素之间的关系用数量的形式表示出来的过程，发展数形结合意识和抽象能力。

（3）通过回归情境，能够运用 $\tan A$ 表示直角三角形中两直角边的比，并能解决简单情境中的问题，培养模型观念和应用意识。

（三）教学重难点

1. 教学重点

学生正确理解锐角正切的意义，会将某些实际问题转化为解直角三角形的问题。

2. 教学难点

学生借助相似理解"直角边的比值"与"锐角"之间一一对应的关系。

（四）教学过程设计

活动一：前置学习，整体感知

回顾直角三角形角度关系、三边的关系等，预习本章内容，尝试梳理本章即将学习的知识框架。

活动二：创设情境，感悟实用

情境1：天府熊猫塔位于成都市成华区，是中国西部第一高塔，也是四川省成都市的绝对地标性建筑，塔上不仅用以开展高空旅游、旋转餐厅、室内外观光层及会展演艺等，还可以为城市提供景观光彩照明。如图6-40所示，某兴趣小组想测量天府熊猫塔 CD 的高度，先在 A 处仰望塔顶，测得仰角为27°，再往塔的方向前进469 m 到 B 处，测得仰角为60°，你能求出天府熊猫塔 CD 的高度吗？（图6-40）

 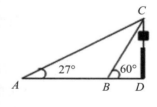

图6-40　天府熊猫塔示意图

【设计意图】学生可能能根据之前学过含30°的直角三角形和勾股定理知识，得到 BD 与 CD 的关系，然而却不知道在 Rt△ACD 中，如何利用27°表示 AB、CD 与 BD 的关系，这就引出了学习直角三角形锐角和两条直角边关系的必要性。

情境2：某购物广场要修建一个地下停车场，停车场的入口设计示意图如图所示，其中斜坡 AD 与地平线的夹角为18°，一楼到地下停车场地面的距离 CD=2.8 m。如果给该购物广场送货的货车高度为2.5 m，那么按这样的设计能否保证货车顺利进入地下停车场？请说明理由。（图6-41）

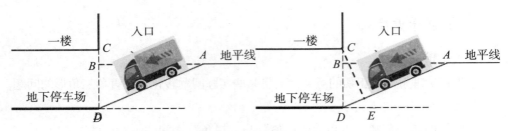

图6-41 停车场示意图

【设计意图】学生能从实际情境中分析出要求点C到AD的距离（即过C作$CE\perp$ AD于E），然而却不知道如何在Rt$\triangle CDE$中利用18°表示已知边DC与所求边CE的关系，这就引出了学习直角三角形锐角和直角边斜边关系的必要性。

情境3：如图6-42，工件上有一个V形槽（$AC=BC$），测得它的上口宽为30 mm，深为12 mm。求V形角$\angle ACB$的大小。

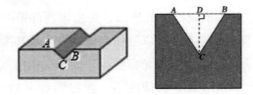

图6-42 工件示意图

【设计意图】学生能将立体图形转化成平面图，抽象出数学问题，然而却不知道构造直角三角形，从而在直角三角形ACD中，利用AD、CD表示$\angle ACD$。

在我们日常生活中，还有很多实际问题可以抽象出直角三角形，如遮阳棚、手机支架、篮球架、汽车后备厢门、智能闸机通道等。在抽象出来的直角三角形中，已知直角三角形的锐角和直角三角形的一边，求另外两边；或者已知直角三角形的某两边，求三角形的锐角，进而解决实际问题。这说明探究直角三角形锐角与边的关系是非常有必要的，这也就是我们本章的学习需要解决的问题。

设计意图：列举学生身边的生活实例，再次体会学习直角三角形锐角与边的关系的必要性，引出本章学习内容，参考用图如图6-43所示。

图6-43 三角形实例图

活动三：合作探究，概念认知

教师引导：我们今天这节课先尝试讨论直角三角形中锐角和两直角边的关系。

问题1：梯子是我们日常生活中常见的物体。下列四组靠墙的梯子 AB 和梯子 EF（图6-44），哪个更陡？

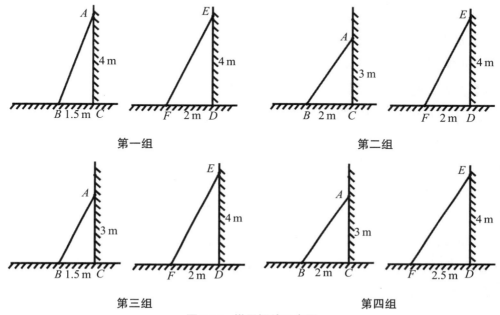

图6-44　梯子摆放示意图

　　学生活动：小组讨论后，代表阐述。第一组可以通过对比水平宽度得到陡峭程度；第二组可以通过对比竖直高度得到陡峭程度；第三组可以通过证明相似得到 $\angle ABC$ 与 $\angle EFD$ 相等，从而得到倾斜程度一致；第四组学生可能会联想前三组，利用平行构造 $\triangle A'B'C' \backsim \triangle ABC$，并且使得 $A'C=4$ m，通过相似比的计算可得到 $B'C=\dfrac{8}{3}$ m，从而与 DF 作比较，显然 $\dfrac{8}{3}$ m $>\dfrac{5}{2}$ m，所以 EF 更陡，如图6-45所示。

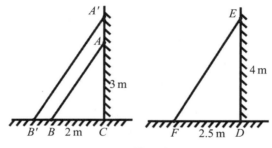

图6-45　梯子对比图

教师总结：第一、二、三组比较特殊简单，我们可以之间判定，第四组比较一般，我们利用相似将其转化为一二三组的情形，这体现了转化的思想。数学的研究经常也是由特殊到一般。

请总结比较倾斜程度的方法。

①竖直高度一致，水平宽度越窄，梯子越陡；

②水平宽度一致，竖直高度越高，梯子越陡；

③比较倾斜角。倾斜角越大，梯子越陡。

【设计意图】四组图片由浅入深，由简单到复杂，体现了由特殊到一般的数学研究方法以及转化思想。四组图片的判断帮助学生提取判断梯子倾斜程度的三个量和一种方法：竖直高度、水平宽度、倾斜角度以及构造相似，并与后续进一步讨论三个量之间的关系，为引出正切的意义作铺垫。同时，从实际问题背景引出数学模型，培养学生将现实语言转化为数学语言的能力，发展数学思维和抽象能力。

问题2：在判断梯子倾斜程度的活动中，我们用到了三个数据：竖直高度、水平宽度、倾斜角度，使用了一个方法：构造相似。倾斜角度可以帮助我们直接判断梯子的倾斜程度，而竖直高度和水平宽度需要综合起来运用。你能否利用相似，说明当倾斜角度一定时，竖直高度和水平宽度有何关系呢（图6-46）？

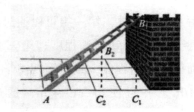

图6-46　梯子倾斜程度分析图

易得 $\triangle AB_1C_1 \backsim \triangle AB_2C_2$，故 $\dfrac{B_1C_1}{B_2C_2} = \dfrac{AC_1}{AC_2}$，进一步有 $\dfrac{B_1C_1}{AC_1} = \dfrac{B_2C_2}{AC_2}$，即说明当倾斜角一定，竖直高度和水平高度的比值一定。

【设计意图】此环节旨在说明当倾斜角确定时，对边与邻边的比值便随之确定，这一比值只与倾斜角有关，而与直角三角形的大小无关。

教师：至此，我们将直角三角形两直角边与锐角之间的对应关系，定性地用比值表示出来了，将形的问题转化为数的问题。将刚才实际情境中的问题抽象到三角形中，我们可以得到，直角三角形中一个锐角∠A与其对边与邻边的比有着一一对应的关系，我们把这个比叫作∠A的正切，记作 $\tan A$，即在 $Rt \triangle ABC$ 中，

$$\tan A = \frac{\angle A的对边}{\angle A的邻边} = \frac{BC}{AC}$$

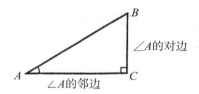

图6-47　三角形示意图

教师：请说出图中∠B的正切等于什么？

学生：在 $Rt \triangle ABC$ 中，$\tan B = \frac{\angle B的对边}{\angle B的邻边} = \frac{AC}{BC}$

【设计意图】进一步理解正切的概念和表示。

教师：结合之前的学习，梯子的倾斜程度与倾斜角的正切有何关系？

学生：竖直高度与水平宽度的比值越大，梯子越陡，即倾斜角的正切值越大，倾斜程度越大。

【设计意图】让学生理解梯子的倾斜程度与倾斜角正切之间的关系。

活动四：回归应用，解决问题

例1　图6-48中，下列甲、乙两个自动扶梯，哪一个自动扶梯比较陡？

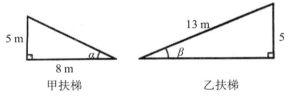

图6-48　扶梯示意图

解：甲梯中，$\tan \alpha = \frac{4}{8} = \frac{1}{2}$，乙梯中，$\tan \beta = \frac{5}{\sqrt{13^2 - 5^2}} = \frac{5}{12}$。

$\because \tan \alpha = \frac{1}{2} > \frac{5}{12} = \tan \beta$，$\therefore$ 甲扶梯更陡。

【设计意图】将所学正切知识回归实际应用情境，体会数学的适用性。

例2　类比梯子倾斜角与倾斜角的正切可以刻画梯子的倾斜程度，定义：山坡的坡角指坡面与水平面的夹角；坡度（坡比）：山坡坡面的铅直高度与水平宽度的

比，即坡角的正切。如图 6-49 所示，某人从山脚下的点 A 走了 200 m 后到达山顶的点 B，已知点 B 到山脚的垂直距离为 55 m，求山的坡度（精确到 0.001）。

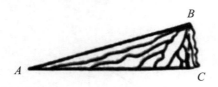

图 6-49　山坡示意图

解： 在 Rt△ABC 中，$AC = \sqrt{AB^2 - BC^2} = \sqrt{200^2 - 55^2} = 5\sqrt{1479}$，则

$$\tan A = \frac{BC}{AC} = \frac{55}{5\sqrt{1479}} = \frac{11\sqrt{1479}}{1479} \approx 0.286$$

答： 坡度约为 0.286。

【设计意图】 让学生再次感受正切在实际生活中的意义，体验数学来自生活，服务生活。

思考： 尝试解决活动二中情境 1 的问题。

解： 设 $BD = x$，

在 Rt△BCD 中，∠CBD=60°，∠BCD=30°，故 BC=2BD=2x，$CD = \sqrt{BC^2 - BD^2} = \sqrt{3}\,x$

在 Rt△ACD 中，$\tan \angle CAD = \dfrac{CD}{AD}$，即 $\tan 27° = \dfrac{\sqrt{3}\,x}{x+469}$

我们只要知道 $\tan 27°$ 的值，就可以解出天府熊猫塔 CD 的高度，而 $\tan 27°$ 我们后续会学习用计算器进行计算。

【设计意图】 利用本节课所学解决引入情境中的问题，形成教学闭环，为本章后续学习提供情境学习模式。

活动五：课堂小结，解决问题

教师引导学生谈谈本节课的收获：

（1）理解了正切的概念及实际意义，了解了坡度的概念；

（2）了解了倾斜角越大，梯子越陡；倾斜角正切值越大，梯子越陡；

（3）体会了数学思想方法：由特殊到一般，转化思想，数形结合思想；

（4）感受本章知识的情境学习模式：从应用情境中引出知识—在应用情境中探究知识—回归应用情境解决问题。

【设计意图】 通过小结，回顾探索新知识的过程，进一步感悟数学思想方法，提高学生归纳总结概括能力，培养学生良好的回顾和反思习惯。

（五）教学反思与说明

（1）采用情境类的大单元章节起始课设计，让学生体验数学的实用价值。作为章节起始课，利用大量的生活情境引入，学生体会本章知识的学习是来源于现实生活的需要。例如，现实生活情境中很多问题能抽象出直角三角形，需要探究直角三角形锐角与边的关系问题，从而引出了本章的学习内容。再如，在比较梯子倾斜程度的现实问题中，直接观察难以解决问题，不得不借助数学。由现实问题到数学问题，由具体问题再到抽象概念的学习，学生体会到数学的生活性。概念学习后，设计也呈现了山坡、扶梯等现实生活实例，为学生提供了多方位的数学空间应用所学知识，也是数学实用性的体现。同时，本节课最后回归引入情境，利用本节课所学解决引入情境中的问题，形成教学闭环。作为大单元起始课，指导了本章后续知识的情境学习模式：从应用情境中引出知识—在应用情境中探究知识—知识回归应用情境解决问题。

（2）层层递进的问题设置推进教学，发展学生的数学思维。实际应用中的数学问题往往难度较大，在起始课中，设计有梯度的问题可以给予学生一定的支架，让学生逐渐接近解决问题的方法，体会由浅入深的思维过程，帮助学生形成积极思考、深入探究的习惯，推动学生数学思维的发展。

（胡潇　成都石室中学）

课例14　九年级上册第一章"特殊平行四边形"单元起始课的教学案例

（一）背景分析

1. 内容的课标分析

《义务教育数学课程标准（2022年版）》对特殊平行四边形内容的要求如下。

（1）理解平行四边形、矩形、菱形、正方形、梯形的概念，以及它们之间的关系。

（2）理解欧几里得平面几何的基本思想，感悟几何体系的基本框架。

（3）经历图形分析与比较的过程，学会关注事物的共性、分辨事物的差异、形成合适的类，会用准确的语言描述研究对象的概念，提升抽象能力，会用数学的眼光观察现实世界。

2. 本单元的教学内容分析

特殊平行四边形是对平行四边形学习的拓展与延伸。从内容上讲，本章在已经掌握了平行四边形的性质与判定的基础上，对菱形、矩形、正方形的有关性质与常用判定方法进行探索与求证，可以丰富对平行四边形的认识。从方法上看，本章从多角度引导学生探索菱形、矩形、正方形有关性质和常用判定方法，并对探索得到的结论进行证明。呈现形式上，教科书尽可能创设一些问题情境，为学生提供自主探索发现的空间，让学生经历"探索—发现—猜想—证明"的过程，使证明成为探索活动的自然延续和必要发展，进一步发展学生的合情推理能力与演绎推理能力。因此整章的教学设计要注意渗透归纳、类比、转化的数学思想和"一般到特殊"的数学方法，引导学生形成研究几何图形的一般思路。

为此，教科书设计了4节内容：第1节"认识的特殊平行四边形"，引导学生从整体上认识菱形、矩形、正方形与平行四边形之间的"特殊与一般"的关系，引导学生形成几何图形的研究方法；第2节"菱形的性质与判定"；第3节"矩形的性质与判定"；第4节"正方形的性质与判定"，具体研究菱形、矩形、正方形的特殊性质及其判定。

3. 起始课入格分析

特殊的平行四边形，是对平行四边形这一内容的延伸和拓展，是在平行四边形的基础上对边、角进行特殊化研究。因此本节课主要采用学科框架类的形式，通过对平行四边形的边、角进行特殊化探究，引导学生建立如下图所示的知识框架，进而从整体上理解四边形、平行四边形、矩形、菱形、正方形之间的逻辑联系，建立起相应的知识体系。如图6-50所示。

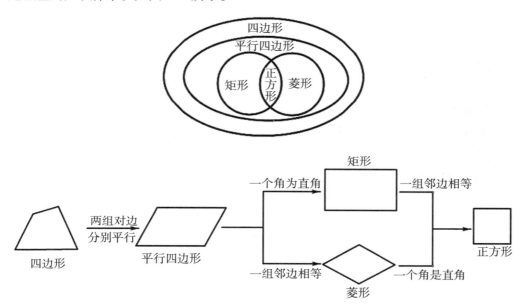

图6-50 平面图形知识体系

4. 学情分析

通过小学的学习，学生能辨认长方形、正方形、平行四边形等平面图形，能说出这些图形的特征。但在研究菱形、矩形、正方形时，学生借助数学语言归纳图形概念的经验不足。在学习三角形的边、角特殊化，得到等腰三角形、直角三角形的定义。对于这种研究方法，学生的认识不够深刻。学生在上一章节已经学习了平行四边形、梯形的概念；探索并证明平行四边形的性质定理、平行四边形的判定定理，为学生学习特殊平行四边形奠定了基础。

（二）教学目标

（1）通过借助图形间的关系研究菱形、矩形、正方形的定义，加强知识的整体性和联系性，发展数学抽象能力。

（2）突出平行四边形与特殊平行四边形之间特殊与一般的关系，用关联思维认识事物，发展逻辑推理能力。

（三）教学重难点

1. 教学重点

借助图形间的关系研究菱形、矩形、正方形的定义。

2. 教学难点

本课例引导学生建立知识联系，从而加强知识间的整体性和联系性，使学生形成关于本章知识的结构框架，体会到研究几何图形的基本思路与方法。

（四）教学过程设计

活动一：创设情景，回顾思考

情景：在上一章节中，我们学习了平行四边形，我们是从哪些方面来研究平行四边形的呢？

【师生互动】学生小组进行讨论，回顾平行四边形的探究过程，并画出探究思路图（图6-51）。

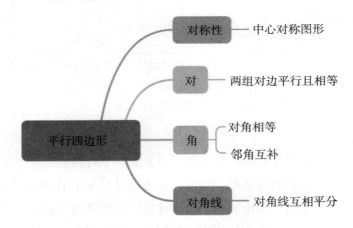

图6-51 平行四边形探究思路图

【设计意图】回顾平行四边形的探究过程，为从一般到特殊的探究做好铺垫。

活动二：实践操作，探究新知

实践感知：这一章我们将学习特殊的平行四边形，你认为平行四边形可以从哪些方面进行特殊化？请同学以小组为单位，用准备好的平行四边形模型尝试一下（图6-52），并思考如何类比平行四边形的定义给新的图形下定义吗？你所下的定义还能进一步简化吗？

图6-52　平行四边形模型

【师生互动】学生小组讨论交流并动手实践组拼模型，教师个别引导学生从平行四边形的元素——边、角出发将平行四边形进行特殊化，学生在此基础上，并尝试对特殊化后形成的新图形下定义（图6-53）。

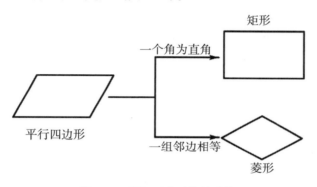

图6-53　平行四边形的特殊化

【设计意图】引导学生从平行四边形的元素出发进行特殊化，通过属加种差的方式获得矩形、菱形、正方形的定义，发展学生的抽象思维、让学生学会用数学化的语言进行表达。

概念升华：如果用最大的椭圆区域来表示平行四边形，你能在这个关系图（图6-54）的相应区域表示出对应的特殊平行四边形吗？

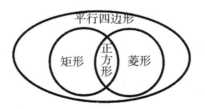

图6-54　平行四边形的概念

【师生互动】学生理解平行四边形、矩形、菱形、正方形之间的概念并思考它们之间的关系，在此基础上填写概念关系图。教师进行个别辅导！

【设计意图】让学生再次建构和理解概念，加深学生对平行四边形、菱形、矩形、正方形之间的关系的理解，理解平行四边形与特殊平行四边形之间的一般与特殊的关系。

活动三：类比旧知，探究性质

问题1：我们研究平行四边形的性质的时候是怎么得到它的性质的？经历了哪些环节？

问题2：菱形、矩形、正方形它们是中心对称图形吗？为什么？

问题3：菱形、矩形、正方形仅仅是中心对称图形吗？从整体上看还有什么共同的性质呢？

【师生互动】学生独立回忆平行四边形性质的研究历程，并类比思考菱形、矩形、正方形所具有的整体性质——对称性。

【设计意图】回忆平行四边形性质的研究方法，从整体上认识特殊平行四边形，体会特殊与一般的关系。并且先研究特殊平行四边形的整体性质——对称性，为下节课研究其局部性质做铺垫。

活动四：自主反思，拓展提升

问题：若现在给你一个任意的平面图形，甚至是立体图形、多维图形，你现在准备怎么去研究它？

【师生互动】教师引导学生回忆本节课的研究流程，引导学生自主反思，得出研究几何图形的一般方法。

【设计意图】学生通过反思，加深从种属角度对平行四边形、菱形、矩形、正方形的认识，建立图形之间的联系（图6-55）。通过图形组成要素、要素之间的关系进行特殊化，得出研究新对象的一般方法，为后续进一步研究特殊平行四边形奠定基础。

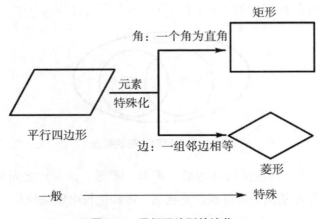

图6-55 平行四边形的演化

活动五：学以致用，解决问题

如果用两张三角形纸片拼成一个菱形（无缝隙、不重叠），那么这两张三角形纸片应该具备什么特征？如果用两张三角形纸片拼成一个矩形呢？如果拼成一个正方形呢？请同学们先想一想，再试一试，并画出示意图。

【师生互动】学生小组合作，自行制作三角形并进行拼接探究，教师进行个别引导。

【设计意图】学生通过拼接，深刻理解特殊平行四边形的整体性质，并为后续特殊性质的研究奠定基础。

活动六：课堂小结，思维点津

问题1：本节课我们学习了哪些内容？

问题2：我们是如何7获得新定义的？

问题3：类比研究平行四边形的方法，你觉得还要研究特殊平行四边形的哪些方面？怎样去研究？

问题4：研究一类图形的"一般"与"特殊"之间的关系对于认识图形有怎样的帮助？

【设计意图】通过问题引导学生对本堂课的内容进行反思总结，从而将教学活动中的具体研究方法上升到对一般图形的研究方法，将教学活动中的感性认识上升到理性认识，提升学生的数学思维。

（五）教学反思及说明

（1）立足整体思想教学，运用"属+种差"的方法获得菱形、矩形、正方形的定义，加深对菱形、矩形、正方形、平行四边形之间关系的理解，有利于学生结构化知识的形成。

（2）经历菱形、矩形、正方形的定义生成过程，发展抽象能力。通过操作、观察，发现特殊平行四边形的对称性，从整体上认识特殊平行四边形，并与平行四边形对比，体会特殊与一般的关系。

（3）设计丰富的活动，促进教学活动经验的积累。

黎琼（成都英才学校），罗义铭（成都金苹果锦城第一中学）

参考文献

[1] 何睦，罗建宇.高中数学章节起始课的教学研究与案例设计[M].哈尔滨：哈尔滨工业大学出版社，2019.

[2] 高凯亮.APOS理论背景下初中数学概念教与学——以苏科版数学教材七下"图形的平移"为例[J].初中数学教与学，2022（10）：8-11.

[3] 高凯亮.春种一粒粟 秋收万颗子——初中数学"入学第一课"教学设计与反思[J].中学数学月刊，2022（11）：26-28.

[4] 鲍建生，章建跃.数学核心素养在初中阶段的主要表现之四：空间观念[J].中国数学教育，2022（9）：3-8.

[5] 孙晓天，沈杰.义务教育课程标准（2022年版）课例式解读[M].北京：教育科学出版社，2022.

[6] 中华人民共和国教育部.义务教育数学课程标准（2022年版）[S].北京：北京师范大学出版社，2022.

[7] 章建跃.章建跃数学教育随想录[M].杭州：浙江教育出版社，2017.

[8] 曹一鸣.新版课程标准解析与教学指导[M].北京：北京师范大学出版社，2022.

[9] 李庾南.自学·议论·引导教学论[M].北京：人民教育出版社，2013.

[10] 杨强，安佩佩，王雄.单元教学设计现状与趋势的实证分析[J].现代教育，2021（3）：61-64.

[11] 秋田喜代美.学习心理学：教学的设计[M].东京：左右社，2012.

[12] 钟启泉.学会"单元设计"[N].中国教育报，2015-6-12（9）.

[13] 格兰特·威金斯，杰伊·麦克泰格.追求理解的教学设计[M].上海：华东师范大学出版社，2016.

[14] CHALMERS C，et al. Implementing "Big Ideas" to Advance the Teaching and Learning of Science，Technology，Engineering， and Mathematics（STEM）[J]. International Journal of Science and Mathematics Education，2017，（15）.

[15] 程连敏，甄强.高中数学单元教学设计的着手点、着眼点和着力点——以"平面向量"单元教学设计为例[J].中国数学教育（高中版），2018（3）：11-14.

[16] 史宁中，王尚志.普通高中数学课程标准（2017年版）解读[M].北京：高等教育出版社，2018.

[17] LANNINGL A，BROWN T. Designing Learning to Ignite Understanding and Transfer，Grades 4—10[M]. Thousand Oaks，California：Corwin，2019.

[18] 任念兵.高中数学主题教学研究热的冷思考[J].中小学课堂教学研究，2020（8）：62-66.

[19] 林克涌.新课标下章引言教学探讨[J].数学通报，2010，49（07）：25-27.

[20] 郭宗雨.数学新教材中"章头图"和"引言"的教学功能及处理策略——以苏教版教材为例[J].教学与管理，2012，（07）：51-52.

[21] 章建跃.注重数学的整体性，提高系统思维水平（续）——人教版《义务教育教科书·数学》九年级下册介绍[J].中学数学教学参考，2015（08）：4-6.

[22] 孙朝仁."章引言"数学教学的哲学思考[J].上海教育科研，2015，（09）：73-75.

[23] 范东晖.核心素养背景下的引言课教学——以"数系的扩充与复数的引入"为例[J].数学通报，2017，56（05）：34-36+39.

[24] 何睦.高中数学章节起始内容的价值及其实现[J].数学通报，2018，57（08）：34-37+43.

[25] 邢成云，王尚志.初中数学"章起始课"的探索与思考[J].课程.教材.教法，2021，41（03）：76-82.

[26] 简琴琴.初中数学章起始课教学中的问题与对策研究[D].重庆：重庆师范大学，2020.

[27] 王茜.初中数学章起始课教学案例研究[D].上海：华东师范大学，2021.

[28] 连贞.高中数学章起始课教学设计与实践研究[D].青岛：青岛大学，2023.

[29] 王婉莹.初中数学章节起始课教学的现状与设计研究[D].南昌：江西师范大学，2023.

[30] 王永生.大单元教学观下高中"统计"单元起始课的教学思考[J].数学通讯，2023（18）：1-5+24.

[31] 孙楚清.高中数学章起始课的现状调查与教学设计研究[D].南京：南京师范大学，2021.

[32] 胡丽琛.关于初中数学起始课的教学研究[D].长沙：湖南师范大学，2019.

[33] 王月芬.重构作业[M].北京：教育科学出版社，2021.